JEAN LORRAIN

SENSATIONS ET SOUVENIRS

PARIS
BIBLIOTHÈQUE-CHARPENTIER
EUGÈNE FASQUELLE, ÉDITEUR
11, RUE DE GRENELLE, 11

1895

SENSATIONS ET SOUVENIRS

G. CHARPENTIER et E. FASQUELLE, Éditeurs,
11, rue de Grenelle, 11.

OUVRAGES DU MÊME AUTEUR

PUBLIÉS DANS LA BIBLIOTHÈQUE-CHARPENTIER

à 3 fr. 50 chaque volume.

Sonyeuse. . . . . 1 vol.
Buveurs d'ames . . . . 1 vol.

JEAN LORRAIN

SENSATIONS

ET SOUVENIRS

PARIS

BIBLIOTHÈQUE-CHARPENTIER

G. CHARPENTIER ET E. FASQUELLE, ÉDITEURS

11, RUE DE GRENELLE, 11

1895

I

ENFANCE

Pour M. Edmond de Goncourt.

CLOCHES DE PAQUES. — LE CRAPAUD. — NUIT DE VEILLE

CLOCHES DE PAQUES

Des cloches, j'en ai su qui cheminaient sans bruit,
Des cloches pauvres qui vivaient dans des tourelles
Sordides et semblaient se lamenter entre elles,
De n'avoir de repos, ni le jour ni la nuit.

Des cloches de faubourgs toussotantes, brisées :
Des vieilles, on eût dit, qui dans la fin du jour
Allaient se visiter de l'une à l'autre tour,
Chancelantes, dans leurs robes de bronze usées.

Ce que je les ai aimées dans mon enfance provinciale, les vieilles cloches tant célébrées par Georges Rodenbach, et pour la tendre légende attachée à leur mutisme pieux, à ce silence de soixante heures observé, comme un jeûne, durant les derniers jours de cette semaine sainte, et pour la poésie de leur course lointaine au-dessus des cités, des mers et des détroits et aussi pour les beaux œufs de Pâques, teints de violet, de bleu pâle et de rose vif, qu'elles semaient, de ci, de là, dans les plants de salades et les bordures de buis des jardins de la ville, en passant, la nuit de leur retour, au-dessus des logis endormis.

Le jardin de ma grand'mère était particulièrement favorisé par les cloches de l'église Saint-Etienne, notre paroisse : j'y avais été baptisé. C'est pourtant à l'Abbaye que ma famille m'emmenait entendre l'office du dimanche, à l'Abbaye, située plus au centre de la ville et par cela même plus commode pour les courses après la messe et les commandes aux fournisseurs ; mais nous suivions les vêpres à Saint-Étienne, et les beaux œufs rougis de carmin ou bleutés comme des œufs de geais, les œufs merveilleux que, le matin de Pâques, vite au sortir de l'office, je courais dénicher un à un sous les feuilles du jardin de ma grand' mère avec des cris de joie presque sauvages, ces œufs étaient, on avait bien soin de me le dire, l'offrande et le cadeau des cloches paroissiales. Ces vieilles cloches fêlées de Saint-Etienne n'avaient-elles pas, en bonnes fées marraines, sonné à ma naissance, carillonné à mon baptême, ne chanteraient-elles pas à ma première communion et ne me consoleraient-elles pas de leur suprême glas à l'heure venue du trépas, quand je devrai m'en aller à mon tour? En attendant elles me surveillaient dans la vie; rien de ce que je faisais n'échappait à leurs invisibles yeux et, selon mes mérites d'enfant sage ou mes petites frasques d'écolier, elles se montraient plus ou moins généreuses, ces claires matinées de dimanche de Pâques, les bonnes cloches voyageuses enfin rentrées de leur expédition lointaine et mettant ce jour-là toute la ville en joie par leurs chants et sonneries de bon et prompt retour.

A force d'entendre ma mère et ma grand'mère en parler avec une sorte d'exaltation attendrie, j'avais fini par attribuer une vie miraculeuse à ces cloches, par les traiter presque comme des personnes de ma famille, de vieilles parentes à la fois austères et indulgentes, un peu fées, et, en enfant nerveux que j'étais déjà, je vivais dans un perpétuel effroi de les mécontenter, en même temps que rempli d'une inébranlable confiance en leur mansuétude d'aïeules pour mes peccadilles d'écolier.

Ah! que de fois, les belles journées de fin d'avril, quand, au lieu de travailler mon *Quinte-Curce* ou mon *Epitome*, je gaminais, ivre de soleil et de santé, entre les poiriers et les pommiers poudrés à blanc de notre potager, que de fois je me suis surpris, hissé à quelque brèche de la muraille et regardant au loin, par-dessus les mâtures et les toits de la ville, si les cloches guetteuses pouvaient m'apercevoir du sommet de leur tour!

Le potager dévalait en pente, à mi-côte de la falaise, et autour de son enclos la campagne embaumait, mi en champs de luzerne, mi en landes fleuries de mauves et d'ajoncs à l'odeur de miel; ça sentait bon le thym, les herbes aromatiques et la brise du large. Au loin, dans les échancrures des falaises le bleu de la mer éblouissait.

Oh! comme tout cela est loin déjà... la Bible épelée sur les genoux de grands parents morts, disparus avec le cadre vieillot et charmant de vieux logis aujourd'hui transformés, abolis, la grande messe où l'on vous conduisait le dimanche, la somnolence des vêpres entendues comme en rêve, et la fantasmagorie des fins encensoirs qui vous semblaient en or, envolés en cadence au milieu des pierreries des vitraux. C'est là la féerie qui berce notre enfance, l'accueille et l'envoûte d'un sûr envoûtement au début de la vie; d'où, chez les tendres et dans les âmes fidèles, la persistance des souvenirs des premières années demeurant liés aux choses de la religion.

D'où le suppliant regard en arrière jeté par les désespérés et les rebutés de la vie moderne du côté de la cathédrale et de son envol de tours; d'où ces vers éclos en ma toute jeune adolescence :

Les saints de pierre assis dans la voûte des porches,
Les anges du transept et l'âme d'or des cloches
Captives dans la cage énorme du beffroi,
Tous connaissaient Odile, et, grelottant de froid,

Les pauvres du parvis accroupis en prières,
Les trèfles des piliers et les lys des verrières
Dans les noirs croisillons ouvrant leurs fleurs d'azur,
Et la lampe, astre d'or au fond du chœur obscur,
Tous bénissaient Odile, et quand, fête et dimanche,
Rose et tenant baissés ses yeux bleus de pervenche,
Elle passait dans l'ombre austère du portail,
Son vieux missel d'ivoire aux lourds fermoirs d'émail
Appuyé sur son cœur, une fraicheur d'aurore
Pénétrait dans l'église et la cloche sonore
S'élançait plus joyeuse à travers l'infini.

d'où ces vers, écrivais-je plus haut, première œuvre de ma quinzième année et réminiscence évidente de quelque légende dorée entendue presqu'au berceau, et dont mon cerveau émerveillé paraphrasait inconsciemment la miraculeuse impression en essayant d'y symboliser la grande joie radieuse, or et bleu, du dimanche de Pâques!

Que sont devenues les cloches de mon pays, de ma petite ville de la côte! Toussotantes, usées, vieillies comme les cloches de Rodenbach, se sont-elles tout à fait tues ou est-ce moi qui suis devenu sourd? Mais il y a longtemps que je n'entends plus leur voix... Si elles parlent encore, elles parlent bien bas, les pauvres vieilles, et en tout cas une langue que je ne comprends plus ; d'ailleurs bien d'autres choses ont changé pour moi. Plus on avance dans la vie, plus on s'y sent étranger: les impressions vous trahissent, les sentiments aussi; quand je vais dans mon pays, je ne retrouve plus les paysages familiers à mon enfance, et eux aussi ne me reconnaissent plus. Comme un voile de cendre s'est établi entre eux et moi, impalpable, mais visible, et je sens qu'il s'épaissit d'heure en heure, ce voile, jusqu'à la minute où cette cendre deviendra de la nuit, et tout alors sera fini pour moi!

Qu'est devenue la vieille légende qui m'avait amusé comme un conte, troublé comme un baiser, ému comme un adieu, la vieille légende de la *Vie des saints*, où j'avais essayé de faire chanter l'âme d'or des cloches.

Quelle était cette Odile au passage de laquelle

Les apôtres, rangés au fond du porche sombre
Entr'ouvraient lentement leurs mains de dur granit,

cette sainte inconnue, toute lumineuse dans l'église obscure, dont l'entrée au saint lieu

Faisait d'un vol plus sûr, avec de longs bruits d'ailes,
Monter dans l'azur libre où sont les hirondelles,
Les archanges debout au milieu des dragons
Et des guivres dorés aux angles des balcons!

La légende ne le dit pas, elle est d'un laconisme explicite et touchant là-dessus, la légende, elle dit :

... Odile, âme pure et blanche entre les lys,
Etait humble, pieuse et naïve : à longs plis
Drapée et sans joyau sa robe était de laine.

Et c'est tout!

Et cela suffisait dans ces temps, et pour convertir les mécréants, intimider les débauchés et faire fleurir l'espérance et la foi dans les cœurs!

Oh! le précieux don d'enfance, dont ont vécu tous les siècles d'ardeur et de combat, le précieux don d'enfance, qui fait qu'un écolier de douze ans n'a qu'à joindre les mains dans l'angle d'une église pour entendre la voix des cloches et celle des saints de pierre immobilisés dans leurs niches, autour des campaniles, bénir en chœur le nom des vierges de légende et du Christ, fils de l'Homme!

Le don d'imagination et d'ignorance qui, les tièdes soirées de mai, *en revenant du Mois de Marie* par les ruelles étroites de ma petite ville tout embaumées d'odeur de lilas et de giroflées de murailles, me faisait dire, dans ma joie innocente de respirer et de vivre, dans le contentement de ma petite âme et de ma jeune chair: « Je crois que les cloches m'aiment bien ce soir. »

LE CRAPAUD

Ç'a été une des plus affreuses impressions de mon enfance et ç'en est resté peut-être le plus tenace souvenir; vingt-cinq ans ont passé sur cette petite mésaventure d'écolier en vacances, et je ne puis encore en évoquer la minute sans sentir mon cœur chavirer sous mes côtes et me remonter jusqu'à la hauteur des lèvres dans une indicible nausée de frayeur et de dégoût.

Je pouvais bien avoir dix ans, et mes deux mois de grandes vacances de collégien élevé loin des miens et de ma petite ville natale, dans un des plus grands lycées de Paris, je les passais dans la propriété d'un de mes oncles, un grand parc tout en profonds ombrages et en eaux dormantes s'allongeant au pied d'une haute hêtrée dévalant au flanc d'un coteau, et cela dans un pays charmant, au nom plus charmant encore, à Valmont; Valmont, dont je devais retrouver les deux romanesques syllabes dans le plus mauvais livre, le plus cruel et le plus dangereux du dix-huitième siècle, Valmont dont le le mélancolique et doux souvenir, fait de grands arbres, d'eau de sources et de longues et silencieuses promenades sous des chemins couverts, est demeuré confondu dans ma mémoire avec les chromo-lithographies de Tonny-Johannot, lacs d'Ecosse entourés de forêts et châteaux d'outre-Rhin dominant des vallées, des morceaux de musique traînant il y a vingt ans sur le piano de ma mère.

Mon oncle Jacques possédait dans ce coin de pays perdu une vaste propriété, ancien domaine abbatial dont nous habitions le couvent, aujourd'hui converti en maison de campagne. Les cellules y étaient devenues autant de chambres étroites et proprettes, le réfectoire la salle à manger et le parloir le salon; nous vivions là en famille, une quinzaine de cousines et de cousins, sous la surveillance de nos parents, et c'étaient tous les jours, durant ces deux mois, des parties dans les environs pour amuser cette marmaille.

Ces folles parties qui faisaient battre des mains et bondir de joie mes petits cousins, je mettais, moi, tous mes soins à m'y soustraire, épris que j'étais déjà, tout enfant, de solitude et de rêverie, plein d'une peur instinctive des jeux bruyants des garçons et des taquineries déjà coquettes des filles. Aux violentes parties de barre, aux goûters sur l'herbe en forêt et même à la pêche aux écrevisses, si féconde en amusantes surprises, combien je préférais une promenade à l'aventure, seul, sans personne, dans ce grand parc dont les interminables pelouses m'apparaissaient mystérieuses et comme baignées d'une clarté de rêve entre leurs hauts massifs de peupliers, de hêtres et de bouleaux; et certains rideaux de trembles dorés se dressant en quenouilles sur le bord de l'étang, j'en aimais, non sans une certaine étreinte au cœur, le feuillage éternellement inquiet. Un kiosque à vitraux de couleur à demi enfoui parmi les oseraies d'une île artificielle m'attirait aussi, comme fasciné, au bord des eaux tranquilles, et c'était, dans la petite barque attachée à la rive, de longues heures de songeries, étendu sur le dos, les bras repliés derrière la tête et les yeux suivant la fuite des nuages de ce ciel clair et profond de pays d'étangs.

Oh! la torpeur ensommeillée et le silence bourdonnant d'insectes des chaudes journées de juillet dans ce coin de parc accablé, tous les hôtes du domaine retirés dans leurs chambres fraîches, avec, de temps à autre, le bruit monotone d'un râteau criant sur le sable des allées; et, aux premières rouilles de septembre, la chute des feuilles des platanes, transparentes et jaunes comme de l'ambre, sur l'étain figé des pièces d'eau! Comme tout cela est loin et m'est présent encore, et combien de tout cet hier je voudrais faire l'emploi de mes lendemains.

Ces heures lourdes de la sieste en été, des excursions en automne, je les passais, moi, en pérégrinations sournoises, en véritables voyages de découverte à travers les coins inexplorés de cette propriété dont le clair-obscur et le mystérieux m'intriguaient. C'étaient de longues haltes auprès des fourmilières, des contemplations ravies de grenouilles immobiles sur une feuille de nénuphar, des reconnaissances prudentes autour des ruches, toutes ces joies, en somme, que prennent les enfants à étudier des bêtes qui ne se savent pas regardées; et puis enfin c'était une volupté déjà étrange, étant donné mon âge, à céder à la fascination de l'eau. L'eau qui m'a toujours attiré, séduit, pris, charmé, et qui m'ensorcèle encore, et Dieu sait si j'étais servi à souhait dans cette propriété où les îlots, les ponts rustiques et les pièces d'eau se succédaient dans des paysages de keepsake, le premier parc anglais créé dans la contrée au moment de la vogue des romans de Rousseau. Une rivière indolente alimentait toutes ces merveilles auliques, grossie elle-même par quatre ou cinq petites sources, dont l'orgueil du premier propriétaire avait fait autant de chapelles. C'étaient, échelonnées le long du parc, comme autant de piscines cimentées et dallées sous un abri d'ardoises, avec quatre ou cinq marches baignant dans la transparence d'une eau verdâtre et froide : la source.

C'étaient là, je l'avoue, mes pèlerinages d'élection;

une entre autres, qu'on appelait la Ferrugineuse, me plaisait plus que toutes. Située à la lisière du parc, au pied d'une sapinière dont l'ombre bleue la trempait comme d'un reflet de lune, même par les plus chaudes journées d'été, elle stagnait, délicieusement froide, tel un bloc de glace encastré dans le quadrilatère des murs. A peine si quelques bulles de vif argent crevaient à sa surface, et, parmi les pariétaires, les lierres terrestres et les fougères fines, elle sourdait, cette source, si limpide et si lente que son eau n'en semblait plus de l'eau, mais du cristal de roche refroidissant posé au fond d'un réservoir.

Une de mes joies (je les aimais déjà presque coupables, aiguisées, affinées par l'attrait des choses défendues) était de m'esquiver vite après le déjeuner et de courir d'un trait, à perdre haleine, à travers le parc, pour arriver tout ému, tout en nage à la source préférée, et là, de boire éperdument l'eau bleuâtre et glaciale. Cette eau qu'on nous permettait à peine à table, cette eau que nous buvions tous des yeux à travers les carafes emperlées de buée, je relevais mes manches jusqu'aux coudes pour y plonger mes deux mains frémissantes, j'y puisais à pleines poignées, je m'en emplissais la bouche et la gosier avec des glouglous jouisseurs, j'y pointais ma langue comme dans de la glace, et je sentais descendre en moi un froid aigu et pénétrant et pourtant doux comme une saveur : c'était une espèce de frénésie toute sensuelle, triplée par la conscience de ma désobéissance et par le mépris que je prenais des autres de ne pas oser en faire autant; et puis on était si bien dans cette retraite, dans l'ombre calme et comme éternelle de ces grands sapins, les yeux reposés sur le velours des mousses.

Oh! la source ferrugineuse du vieux parc de Valmont, je l'ai, je crois, aussi passionnément aimée, aussi voluptueusement possédée que la plus adorée des maîtresses, et cela jusqu'au jour où, par une cruelle revanche des choses, j'y devais trouver le plus ignoble des châtiments.

Un jour où, selon mon habitude, je venais de boire à lentes gorgées l'enivrante eau glacée, comme je me relevais sur la paume des mains, (ce jour-là, dans ma sensualité gourmande, je m'étais couché à plat ventre et j'avais lapé à même la source comme un jeune chien) j'apercevais sur le dallage de la piscine, acroupie dans un angle, une immobile forme noire qui me regardait: c'étaient deux yeux ronds à paupières membraneuses horriblement fixés sur les miens, et la forme était flasque, comme affaissée et rentrée en elle-même, quelque chose de noirâtre et de mou dont la seule idée du contact m'énervait. Son immobilité aussi, son immobilité de monstre ou de larve m'emplissait de colère et d'épouvante, quand à travers les transparences de la source, sous l'ombre dentelée des fougères, l'amas gélatineux et brun s'étira lentement, et deux pattes palmées ignoblement grêles firent un pas vers moi.

Le crapaud remuait.

Car c'en était un, un immonde crapaud, pustuleux et grisâtre, maintenant qu'il était sorti de son angle et que la lumière fusante des sapins tombait sur son échine en l'éclairant en plein : un ventre d'un blanc laiteux traînait entre ses pattes, ballonné et énorme, tel un abcès prêt à crever; il remuait douloureux à chaque effort en avant de la bête, et l'ignoble pesanteur de son arrière-train écœurait.

C'était d'ailleurs un crapaud monstrueux, comme je n'en ai jamais vu depuis, un crapaud magicien, tout au moins centenaire, demi-gnome, demi-bête du sabbat, comme il en est parlé dans des contes, un de ces crapauds qui veillent, couronnés d'or massif, sur les trésors des ruines, une fleur de belladone à la patte gauche et se nourrissent de sang humain.

Le crapaud remuait et j'avais bu de l'eau où vivait et où grouillait ce monstre, et je sentais dans ma bouche, dans mon gosier, dans tout mon être comme un goût de chair morte, une odeur d'eau pourrie, et, pour comble d'horreur, je vis que le crapaud, dont les yeux avaient semblé me fixer tout d'abord, avait les deux prunelles crevées, les paupières sanguinolentes et qu'il s'était refugié dans cette source, supplicié et pantelant, pour y mourir.

Oh! ce crapaud aveugle, cette agonie de bête mutilée daus cette eau claire au goût de sang!

NUIT DE VEILLE

Ma mère était très mal ; nous habitions alors en province un grand pavillon Louis XIII situé un peu à l'écart de la ville. Flanqué d'un avant-corps, il dressait ses hauts toits d'ardoises au fond d'un grand jardin aux cimes bruissantes, le vent de la mer ne les laissait jamais immobiles, et, sous ce perpétuel assaut, sapins, marronniers et bouleaux avaient fini par s'incliner dans la direction de la vallée, un paysage charmant qui portait un nom plus charmant encore : Fécamp. Au delà d'un pont que venaient baigner deux fois par jour les eaux de la mer, c'étaient le clocher de Saint-Étienne et les toits de la ville ; une grande route longeait la propriété, et nous avions beau être clos de grands murs, ce vieux domaine aux frondaisons éternellement frémissantes n'en est pas moins resté une des terreurs de mon enfance ; je m'y sentais trop seul, trop loin du mouvement pourtant bien accalmi de cette ville de la côte, petit port de pêche qui ne s'éveillait que trois mois d'hiver, à la rentrée des bateaux de Terre-Neuve, pour retomber dans sa torpeur, les Terreneuviers une fois partis ; et si je promène de par le monde une nervosité inquiète un peu maladive, si ma vie depuis trente ans et plus n'est qu'une sorte de convalescence, c'est, je crois, pour avoir trop écouté le vent gémir dans les grands arbres de ce jardin isolé et profond.

Mon instinctif effroi de ces pelouses à l'abandon et de ces verdures tardives au printemps, tôt rouillées en automne, était alors aggravé chez moi par l'angoisse où nous vivions déjà depuis deux mois, mon père et moi, près du chevet de ma mère. Je pouvais bien avoir seize ans, grand garçon poussé trop vite, délicat et désœuvré entre les mains d'un professeur. Le médecin, dans la crainte d'affecter le moral de la malade par une robe de religieuse, avait jugé bon de m'en constituer le gardien. Elle était alors au plus fort de sa fièvre typhoïde, le délire ne la quittait pas ; dans la grande chambre à trois fenêtres de l'avant corps du pavillon nous nous relayions, mon père et moi, une nuit sur deux auprès d'elle ; mon imagination exaltée prêtait alors aux moindres choses une signification sinistre.

Jamais je n'avais vu ma mère si alerte et si vive, ni personne d'ailleurs, dans un tel état de prostration, et je ne rôdais plus autour de son lit qu'avec des larmes dans les yeux, persuadé que bientôt je ne la verrais plus. Je ne la quittais plus du regard, installé auprès de son lit, feuilletant un roman que je ne lisais pas et le cœur si gros, si gros que je n'avais même pas la force d'étouffer mes sanglots qu'elle ne pouvait entendre, heureusement, la chère créature; une immense t[illegible]eur, jour et nuit, me poignait plus encore lorsque je n'étais pas près d'elle et que mon père, prenant mon tour, me forçait à aller dormir dans la chambre voisine.

J'étais justement de garde cette nuit-là.

Mon père, en m'embrassant avant d'aller reposer à côté, m'avait serré sur sa poitrine plus fort que d'habitude, et, avec un étranglement dans la voix : « Va, mon enfant, avait-il dit, s'il y a la moindre chose, appelle-moi. Elle n'est pas bien ce soir. » Et j'avais bien compris, quoiqu'il m'eût attiré dans l'ombre, que, lui aussi, étouffait sous les larmes. Je revenais donc m'asseoir dans l'alcôve, j'avais pris dans ma main sa pauvre main brûlante, et je ne quittais plus des yeux ce cher visage, ne me levant que pour aller mettre une bûche au feu, un grand feu de bois qui flambait nuit et jour dans la vaste chambre triste; car on était en plein hiver et le ciel clair et froid était scintillant d'étoiles; le jardin s'était immobilisé, dans un grand calme; pas un bruit dans la demeure endormie et l'on sentait que dehors il devait geler très fort; puis je revenais près de ma malade, et je ne sais comment je finis, moi aussi, par m'assoupir.

Deux heures sonnant à la pendule m'éveillaient; la chambre, où brûlait une faible veilleuse, était comme morte tant il y faisait grand silence et, hors de la respiration pénible, un peu rauque, de la chère alitée, on n'entendait rien, rien que le ronflement de la flamme et celui de la bouillotte d'eau chaude mijotant là pour les infusions. Fut-ce réellement la sonnerie des deux heures s'égrenant dans la nuit (car je dormais d'un sommeil profond) ou plutôt une assez forte pression des doigts de sa main gardée dans la mienne, toujours est-il que je me dressai en sursaut, puis me penchai sur ce pauvre corps douloureux, sur cette douce face exténuée. Elle aussi, dormait, quand une bûche, jetant une lueur plus vive, éclairait tout à coup toute la chambre, puis la clarté retombait aussitôt, mais pas assez vite pour que je n'eusse aperçu une chose qui me terrifia.

Nous n'étions plus seuls dans la chambre. Quelqu'un était là, un inconnu dont je ne pouvais voir le visage et dont la présence m'avait cloué la voix dans le gosier. Homme ou femme, je n'en ai jamais rien su. Installée au coin de la cheminée, dans le grand fauteuil où j'allais souvent m'asseoir pour surveiller l'infusion d'une tisane, la forme inconnue me tournait le dos; mais, dans le clair-obscur de la chambre, je distinguais parfaitement ses deux mains qu'elle tendait à la flamme; elles se détachaient en noir sur les braises du foyer et, dans la pose familière aux vieilles femmes accroupies devant leur feu, elle se tenait immobile et muette comme dans l'attente, et ce n'était pas une vaine hallucination de mon cerveau surexcité, car, à un moment donné, elle prit les pincettes et se mit à tisonner les braises dont quelques-unes roulèrent sur le tapis.

Une angoisse affreuse me serrait la gorge, je m'étais levé et ne pouvais m'empêcher de la regarder ; c'était une femme, mais une femme très grande, et, quand le feu se ravivait, je voyais très bien son petit chignon de cheveux gris tordus sur sa maigre nuque et je ne pouvais ni appeler ni crier tant mon épouvante allait grandissant, tant la conviction s'affirmait en moi que cette étrange présence ne pouvait être que malfaisante pour la malade que je gardais.

Je restai bien pendant trois minutes ainsi, une sueur froide me coulait aux tempes. Je prenais enfin sur moi de m'avancer vers la terrible inconnue. Etouffant mes pas sur le tapis, je me précipitais vers elle et je lui posais les mains sur les épaules, le spectre avait disparu. J'avais été le jouet d'une hallucination, d'un rêve ; anéanti, je me laissais tomber sur le fauteuil, où tout à l'heure encore j'avais cru voir la servante de la Mort, et, les mains machinalement tendues vers la flamme, dans la pose même du fantôme, je commençais à peine à ressaisir mes esprits, quand, dans le silence de la grande chambre de veille, la voix de ma malade s'éleva rauque, étranglée : ma mère délirait.

« Jean, les entends-tu monter? Je ne veux pas qu'elles montent, surtout qu'elles n'entrent pas! » Et, dressée sur son séant, elle prêtait une oreille inquiète et fixait dans l'ombre deux yeux épouvantés, démesurément agrandis ; j'avais pris dans mes mains celles de la délirante et, penché tout entier sur elle, essayais de la rassurer.

« Ah! comme il y en a! et elles montent toujours, il y en a plein l'escalier... une sur chaque marche, comment les a-t-on laissées entrer dans la maison? Surtout qu elles ne pénètrent pas ici. »

Oh! la suprême terreur que dégage la voix somnambule des fiévreux par les longues nuits de veille, dans le silence des demeures endormies! Ma pauvre mère m'avait communiqué son effroi, je me sentais sombrer, moi aussi, dans le surnaturel, dans le cauchemar, mais voulant faire le fort : « Mais qui cela, dans l'escalier ? tu rêves, je n'entends rien, moi. — Qui cela? mais, les cigognes, je te dis qu'il y en a sur toutes les marches ; ah! ces longs becs, elles en ont des goîtres! » Et elle se cramponnait violemment à mes mains. « Mais non, je t'assure, tu as le cauchemar, pauvre maman, ta tête est vide, veux-tu que j'aille voir? — Oh non! non, non, elles entreraient ici, la porte est bien fermée au moins? » Et gagné par la même épouvante, j'allais m'assurer que les verrous des portes étaient bien mis, prêtant l'oreille aux bruits confus de la nuit, et à mon tour j'entendais distinctement sur les marches des bruits de pas. Une vieille dévotion me revint alors et, arcbouté contre la porte menacée, je me souviens parfaitement d'y avoir tracé un signe de croix.

Maintenant les pas s'éloignaient, il me le sembla du moins, et, revenu près de ma malade : « Elles sont parties, lui dis-je, parties! elles ne reviendront pas. » Et à son tour elle me disait : « Qui ça? — Mais, tu sais bien, les cigognes, les vilaines cigognes, je les ai chassées. — Ah, oui! les cigognes. » Et sa voix déjà sommeillante s'éteignait, redevenue enfantine; le hideux cauchemar l'avait enfin quittée. Je ramenai le drap sur cette pauvre poitrine en soupirant : « Si elle pouvait dormir! »

Ce fut une des plus terribles nuits de ma vie. Je la passai toute entière assis dans le grand fauteuil à entretenir la flamme défaillante, l'oreille aux écoutes, le cœur serré à en crier et toute la chair frémissante d'une angoisse indicible; c'était moi que les cigognes hantaient maintenant, et, par trois fois, jusqu'au lever de l'aube, j'entendis cogner aux persiennes comme des bruissements d'ailes affreuses dans la nuit.

Mon supplice ne cessa qu'au grand jour, quand le domestique vint apporter mon déjeuner : « Ah! monsieur, quel malheur! me disait le brave garçon, la femme du jardinier qui est morte cette nuit, une toute jeune femme, vingt-trois ans, et on ne sait pas de quoi; elle allait encore si bien hier, le médecin a dit que c'était une *ampolie*; et madame, comment va-t-elle ce matin?

— Mais, comme hier, merci, mon brave Sosthène. »

La mort avait rôdé autour de nous toute la nuit.

II

JEUNESSE

CHEZ ARTONIA. — L'AME DES RUINES

CHEZ ARTONIA

C'était il y a quatre ans, à Madrid même, le Madrid des noceurs de la grande fête et des demoiselles haut cotées, dont le porche s'ouvre presque triomphal là-bas à l'extrémité du Bois, derrière les hauts ombrages du Jardin d'acclimatation et de l'ancien parc de Neuilly.

Un grand seigneur de banque israélite, et dont les exploits depuis ont empli toutes les feuilles, le coupable insaisissable des affaires de Panama, et pourquoi ne pas le nommer, après tout? Arton lui-même y avait installé, dans la fraîcheur des pelouses et la soie capitonnée des garnis de luxe, une belle et spirituelle créature que la verve de mon ami Bauër avait vite baptisée du nom d'Artonia.

Cette jolie fille condamnée à l'amour de ce juif, un peu comme l'Andromède sur son rocher aux caresses du monstre, attendait là, dans le calme factice de ce restaurant d'amour, que le tapissier et les peintres eussent mis la dernière touche au petit hôtel que son seigneur et maître venait de lui construire selon les us et coutumes des unions princières de son milieu. C'était, en vérité, une charmante nature que cette Artonia, foncièrement bonne en dépit des cruautés des débuts, frottée d'art, un peu artiste elle-même (elle avait abordé la scène) et adorant avec une espèce de frénésie de justice tout ce qui touchait aux arts et à la littérature, tout ce qu'oppriment en somme la sottise et le poids énorme de l'argent; on eût dit qu'elle se revanchait par là des avanies du sort qui la liait, elle jeune, de chair savoureuse et désirable, à ce vieux bouc judaïque. Il suffisait d'être peintre, sculpteur, écrivain, journaliste même et sans bien grande renommée pour être accueilli à bras ouverts chez la princesse d'Arton; il n'y avait pas de fête cet été-là à Madrid sans parmi les invités quelques noms connus de Tortoni, sinon du boulevard; et c'était alors, de la part de la belle dame du logis, des coquetteries offertes et quasi féroces, tout un manège de cruautés à la fois inconscientes et piquantes étalées sous le nez de son entreteneur, à la barbe du juif haï, dont, avec une impudence rare, mais ma foi délicieuse, elle se vengeait ainsi à sa manière; et quand le vieux forban outré verdissait dans sa barbe avec des yeux devenus couleur de fiel, en vérité cela vous rafraîchissait l'âme et l'on en voulait moins au sort en voyant ce louche tripoteur de millions, cet éventreur de fortunes assises, cet égorgeur de familles honnêtes torturé et réduit *a quia* à son tour et cela par cette insolente et capiteuse Artonia, qu'il payait très cher pour le faire ainsi rôtir à petit feu, le pauvre homme, dans les quatre cents louis par mois.

Nous étions bien une dizaine que ce jeu intéressait énormément : nous baisions en conscience les bras frais et doux de la dame, ne ménagions pas les aveux chuchotés tout près de l'oreille rose, dans les petits cheveux follets de la nuque, et aurions volontiers joué les Lucien de Rubempré auprès de la belle Esther de cet épouvantable Nucingen ; mais là s'arrêtait le roman de Balzac, et il ne fallait pas songer à conclure avec Artonia. Monsieur lui avait donné la nausée de l'amour; les voluptés de l'alcôve et leurs plus fines délicatesses étaient devenues pour cette jeune femme de vingt-cinq ans la corvée la plus ignoble, la plus écœurante, et, à notre confusion, si la pauvre créature ne rompit pas plutôt la corde, c'est que nous la prêchions tour à tour, l'exhortions à vaincre ses répugnances et à ne pas briser une si belle carrière, carrière difficile, nous en convenions, mais puisqu'elle l'avait choisie! Et, en effet, honni soit qui mal y pense, n'y a-t-il pas de par le monde, selon les milieux et les tempéraments, plus de morales que n'en inventa le regretté feu Nisard?

D'ailleurs ce dégoût de l'entreteneur lui seyait à merveille; cette contrainte, où elle vivait un peu à la manière des captives de harem, avait donné à sa beauté, peut-être un peu opulente et trop en fraîcheur, un caractère alangui, une sorte de meurtrissure qui n'était pas sans charme; l'ennui l'avait comme affinée, maigrie, pâlie, et parfois, en la voyant évoluer chez elle toute blanche dans de merveilleuses robes d'intérieur plus blanches encore, et cela avec des lenteurs quasi douloureuses, des grâces convalescentes de princesse qui s'ennuie enfermée dans une tour, l'idée me vint à l'esprit de la comparer à Thaïs, la troublante et nostalgique Thaïs d'Anatole France, mais mon emballement était de courte durée. Artonia n'aurait jamais poussé le dégoût des choses de ce monde jusqu'à brûler ses robes et ses bijoux sur un bûcher, et si jamais elle eût quitté Arton, ce n'eût pas été pour ensevelir sa coupable beauté dans un cloître, mais pour suivre un amant plus jeune et ragoûtant, mais néanmoins affligé de bonnes rentes, nous étions bien tranquilles là-dessus.

Les dîners qu'Arton donnait alors à Madrid et que présidait sa maîtresse n'en sont pas moins demeurés dans ma mémoire comme un des signes les plus curieux de ce temps; la composition en était toujours documentaire, parfois inquiétante. C'étaient, à côté de gens de Bourse plus ou moins compromis, hommes de toutes les besognes à figures d'espèces et d'une impeccable élégance, c'étaient des députés, tournures provinciales ou raideurs doctrinaires, attirés là dans l'antre d'Ali-Baba et des quarante voleurs et ne se croyant encore que chez Circé, les pauvres hères! puis des ministres venus furtivement sur la promesse de quelques jolis minois (Artonia avait des amies), des directeurs de journaux en mal de subvention, tout cela pêle-mêle avec des reporters douteux, des renégats du boulangisme et des publicistes équivoques, et, au milieu de toute cette bande, une dizaine d'artistes, des égarés, ceux-là, venus bien moins pour les chèques de Monsieur que pour le chic de Madame, et d'ailleurs invités, imposés par elle à l'humeur de bull de son entreteneur.

C'est dans cet étrange milieu qu'un hasard devait me rendre témoin d'une scène inoubliable, d'un drame muet de conscience que je n'ai d'ailleurs pas oublié : j'en ai les moindres détails demeurés si présents à ma mémoire que je pourrais les mimer presque. Cétait en juin 1891, la semaine d'avant ou d'après le Grand-Prix, époque où il est d'usage de se remuer et de mener joyeuse et bruyante vie dans ce monde particulier. Arton avait réuni ce soir-là, dans le grand salon de Madrid, une vingtaine de convives plus recrutés cette fois dans le monde de la haute noce que dans celui de la politique ; Artonia en avait elle-même dressé la liste et, à part deux ou trois hommes de Bourse flanqués de leurs maîtresses, toute la haute galanterie avait donné. C'étaient et nos plus beaux fils à papas, les plastrons les plus calamistrés du Paris qui muse et qui s'amuse, et, toutes voiles dehors, les plus jolies d'entre les habituées de la pelouse d'Auteuil. Toutes, dans les robes légères, mousselines et batistes, qui étaient la mode de ce printemps, affectaient une simplicité ruineuse, tout le luxe réfugié dans la science des dessous, et, coiffées en bandeaux plats avec des physionomies volontairement ingénues, presque virginales, offraient le ragoût piquant, de tout temps apprécié des viveurs, de filles entretenues assaisonnant l'enluminure des teints et des sourires par des yeux frais de pensionnaires.

Mâles et femelles affichaient une correction de langage et de tenue à mettre à l'aise M. Ferdinand Brunetière ; avec des femmes moins jeunes et moins jolies, on se serait cru, parole d'honneur, à la *Revue des Deux Mondes* ; il y avait autour de la table, côté des hommes, tout autant de profils sémites qu'un soir de réception de Mme Buloz, mais le goût charmant des robes exhibées et la fraîcheur savoureuse des épaules ne permettaient pas de prolonger l'illusion, et l'on se serait cru tout au moins à un dîner d'ambassade, sans l'entrée en coup de vent, vers le second service, d'une demoiselle amie de la maîtresse de céans.

Margot (on peut risquer son petit nom) traversait alors une crise d'argent aggravée par l'abandon d'un entreteneur aimé, chose rare chez ces dames, et, toute intelligente qu'elle fût, peut-être à cause de cette intelligence même, demandait des consolations à la morphine.

Tourbillonnante dans un envol de malines et de tulle rose, extraordinairement pâle sous ses bandeaux d'un châtain roux avec une étrange fixité de ses yeux noirs, elle fit une entrée à sensation, s'excusant à peine d'une voix brève et saccadée de son retard, acclamée par toutes les femmes et curieusement observée par les hommes émoustillés par cette névrose et cette pâleur. Elle s'asseyait avec une raideur d'automate, touchait à peine aux plats, mais vidait coup sur coup trois coupes de champagne et, aussitôt grise, déjà intoxiquée de morphine, avec tout l'égarement du poison dans sa face contractée, elle se levait et, avec une verve endiablée qui ne l'a pas quittée d'ailleurs, prenait à partie tous les convives et, mêlant l'insulte à l'anecdote, l'extravagance à l'ironie et les plus désastreuses histoires, celles qu'on chuchote tout bas, aux inventions les plus invraisemblables, disait à chacun son fait et cinglait en plein visage toute cette équivoque compagnie de filles avouées, et de princes du sport et cela si cruellement qu'une colère sourde finissait par gagner toute la salle et que la crise de nerfs attendue et prévue arrivait juste à temps pour éviter de légitimes représailles.

Trois hommes emportaient sur leurs épaules Margot, qui se débattait, tout à coup déchevelée, avec des cris de bête qu'on égorge ; tout le monde s'était levé, on était heureusement au dessert, et tandis qu'Artonia toute pâle, au désespoir de la scène, s'excusait auprès de ses invités et nous faisait passer dans un petit salon voisin, la valetaille enlevait prestement le couvert, débarrassait en un clin d'œil la salle, où nous rappelait presque immédiatement le prélude d'une valse.

Alors, Artonia « On m'a promis les Tziganes pour dix heures, je suis désolée, croyez-moi ; sans cette sotte histoire nous serions encore à table » ; et s'emparant du bras d'un assez élégant cavalier : « Non, un quadrille, jetait-elle en se tournant vers l'homme installé au piano, un quadrille et vite un vis-à-vis, je veux m'amuser ce soir. » Et, en femme surexcitée qui veut absolument distraire son monde en payant de sa personne, elle entraînait son danseur, s'élançait au milieu de la salle et piquait, parmi toutes ces femmes encore figées de stupeur, un épique chahut, une élégante et canaille pyrrhique, comme on n'en voit qu'au bal des canotiers par les beaux soirs de Bougival.

On avait fait cercle autour de la danseuse, et la belle fille surexcitée par les marques d'approbation avait retroussé ses jupes et, pointant son pied gauche en l'air, les joues toutes roses, le sang fouetté par le plaisir, tourbillonnait maintenant sur elle-même un délirant cavalier seul.

Tout à coup un cri déchirant traversait l'enfilade des salles, un affreux cri parti du dehors et plus semblable, en effet, à un hurlement de bête qu'à une voix humaine. Toutes les têtes s'étaient instinctivement tournées vers les portes, et Artonia en train de tricoter délicatement des jambes, les dentelles de ses dessous relevées à hauteur des genoux, s'arrêtait avec un brusque : « Bon, la voilà qui gueule encore ! elle ne va donc pas nous foutre la paix, cette charogne », et un si soudain coup de tête en arrière que l'édifice de sa coiffure s'écroulait, entraîné par le poids de ses cheveux. La belle créature se trouvait enveloppée jusqu'à la taille d'une lourde coulée de soie jaune, luisante et fluide comme de l'eau ; un peigne de diamants fiché dans son chignon suivait les cheveux dans leur chute et Artonia, qui s'était arrêtée aux écoutes, avait le temps de le saisir au vol et, du même geste instinctif arrachant une libellule de pierreries qui la gênait au corsage, elle jetait précipitamment les deux bijoux sur un coin de table ; puis, ramenant ses jupes autour d'elle : « On y va, on y va, gouaillait-elle avec un rire excédé et canaille. Malheur ! est-ce qu'elle va nous embêter comme ça toute la nuit ? J'en ai soupé, moi, des femmes saoules. » Et elle s'élançait, tête baissée, vers la porte où les cris se précisaient, des cris aigus de femme écorchée vive dont l'étranglement faisait mal.

Margot s'offrait le luxe d'une seconde attaque de nerfs, le salon s'était vidé en un clin d'œil, tous les hommes attirés vers la morphinomane par cette curiosité de viveurs blasés, cette espèce de goût malsain et cruel que l'hystérie éveille toujours au cœur de la débauche, les femmes, en vraies connaisseuses du pourceau humain, inquiètes et à la fois jalouses de leurs amants, leurs amants que cette fille était capable de leur soulever avec ses simagrées de cliente à Charcot, tous en somme émoustillés ou poignés autour de ce spectacle de la Salpêtrière.

Les cris de Margot commençaient, d'ailleurs, à s'étouffer dans une espèce de halètement rauque et, pris d'une tardive pitié, je me levai à mon tour du petit canapé, où je m'avachissais un peu étourdi, surtout écœuré par toute cette scène, et j'allais sortir, plus peut-être pour respirer l'air du dehors que pour aller prendre des nouvelles, quand, au seuil de ce salon où je me croyais resté seul, je m'aperçus que quelqu'un était démeuré et que, dans le désarroi de la sortie d'Artonia, un autre homme avait négligé aussi de la suivre.

L'homme installé au piano, un homme du monde, ma foi, cravaté de la haute cravate dix-huit cent trente que le snobisme commençait à lancer à travers les salons ; physionomie assez effacée, mais d'une distinction discrète, rencontrée depuis dix ans dans tous les mondes, celui où l'on s'amuse et celui où l'on épouse ; le monsieur toujours prêt à se mettre au piano pour y accompagner la chansonnette en vogue ou y rythmer la valse requise, le monsieur de toutes les complaisances, que tout le monde connaît et dont personne ne sait exactement l'existence et les ressources, le monsieur dont les femmes disent : « Mon petit un tel, soyez gentil, jouez-nous donc quelque chose » ; dont les hommes pensent : « On peut toujours l'avoir, il nous amusera après dîner » et dont les maîtresses de maison pensent : « Un tel, il est précieux, il ne faut pas que je l'oublie ». Le monsieur de toutes les fêtes et de toutes les villégiatures, l'amuseur exquis que l'on retrouve chez les Artonia comme chez les Mme Aubernon, toujours vêtu à la dernière mode, parfumé, lingé comme un dandy de Londres, sans fortune connue, mais affichant presque du luxe, personnage un peu vague peut-être, parfois même un peu trouble, et dont il serait gênant d'approfondir la vie ; glissez mortels, n'appuyez pas.

Il n'avait pas, lui non plus, quitté le salon, mais il avait quitté le piano et, debout, appuyé des deux mains en arrière sur le bord d'une table, il regardait indolemment du côté de la porte, attentif en apparence au bruit soulevé par la crise de Margot; mais sous ses paupières à demi baissées c'est mon regard que ses yeux singulièrement aiguisés épiaient; ils luisaient comme une lame de couteau entre le grillage des cils, et c'est le froid de ses prunelles d'acier senti tout à coup près du cœur, qui me clouait malgré moi sur le seuil.

Je m'arrètais à mon tour pour dévisager de X... et m'apercevais que la table au bord de laquelle il s'appuyait était justement celle où Artonia avait posé ses bijoux, la libellule de pierreries et le peigne; un hasard imprévu en éteignait alors les feux, de X... avait posé dessus son chapeau claque.

La coiffe de satin blanc timbrée d'un tortil de baron s'étalait à plat sur la table, dérobant aux yeux une valeur d'au moins quinze à vingt mille francs, saphirs, émeraudes et rubis de la broche et diamants du peigne, et, tout en se jouant, le pianiste mondain appuyait des deux mains sur le claque, le dos tourné aux objets qu'il tenait cachés... oh! par inadvertance et sans le savoir... et m'observait toujours de son regard oblique, devenu seulement un peu plus pâle avec des petites gouttes de sueur en perles sur les tempes.

Avais-je vu ou n'avais-je pas vu? Telle était évidemment la question qu'il se posait. Un doute me restait encore et, poigné soudain d'une passionnée curiosité pour ce drame de conscience, je m'arrêtais négligemment dans l'embrasure de la porte et j'allumais une cigarette, mais sans quitter de X... de l'œil. Il se passa là deux inoubliables minutes, deux minutes de gêne et de malaise croissant dans une atmosphère de cauchemar et dans quel épouvantable silence! Puis soudain, comme si rien n'était, mon pianiste se détachait de la table, où il semblait rivé, et, tout en s'éventant avec son chapeau claque, se dirigeait vers moi et, avec un sourire : « Du feu, vous permettez? » Et quand il eut allumé sa cigarette à la mienne : « Quelle température! On se croirait à Biskra, vous connaissez Biskra? Il n'y a rien d'étonnant que Mademoiselle de *** se soit trouvée indisposée, on serait malade à moins. » Il s'épongeait maintenant le front avec son mouchoir, se servait de son chapeau comme d'un éventail, et tout un masque d'amabilité grimaçait sur son visage demeuré tout pâle et son dos s'arrondissait et sa bouche souriait, mais ses yeux ne pouvaient mentir, ils couvaient toujours, sous de rapides battements de paupières, les bijoux restés là-bas dans le salon.

Je ne m'étais pas trompé!

Arton rentrait à ce moment en coup de vent et, après un bref coup d'œil jeté dans le salon désert : « Mais on ne danse plus, c'est désolant, il n'y a plus personne. Mon petit X..., soyez gentil. » Et il avait, lui aussi, la phrase banale et consacrée : « Je vous en prie, mettez-vous au piano, rappelez-nous ces dames » ; et comme nous croyions devoir nous informer de Margot : « C'est passé, elle pleure maintenant ; on vient de faire atteler et Suzy va la mettre en voiture ; c'est ce que nous aurions dû faire depuis longtemps. — En effet. — Mais on ne saurait penser à tout. Ah ! voilà les tziganes ! enfin ! Inutile de vous fatiguer, mon petit. » Et amical, presque caressant pour le pianiste homme du monde, Arton s'effaçait pour laisser entrer une demi-douzaine de dolmans et de kolbachs hongrois amenés par un maître d'hôtel. « Installez-les, je vous les laisse, je vais chercher mon monde. » Alors moi, d'une voix que j'aurais voulu plus ferme et dont je sentais monter le tremblement : « Mon cher ami, faisais-je à ce juif d'Arton, à mon tour presque caressant, ne laissez donc pas les bijoux de Suzy sur cette table, montez-les chez vous, cela peut tenter quelqu'un. Il y a ces Bohémiens, les servants, les garçons, c'est la bouteille à l'encre, une maison comme celle-ci. — Mais comment donc, cette Suzy est si folle ! » Et quand il se fut emparé du peigne et de la broche, émeraudes et rubis : « C'est qu'il y en a pour trente mille francs, un morceau de pain, comme vous voyez. — Non, une aubaine, insistai-je en souriant. — Encore une fois, merci.

— Comment ! elle avait laissé ses bijoux ici ? En effet, on n'est pas plus imprudente. » Et avec un effarement, cette fois parfaitement joué, de X... se penchait curieusement du côté de la table où pendant cinq minutes il avait tenu entre ses mains ces trente mille francs de pierreries et de diamants.

De X... n'a d'ailleurs jamais été cité ni compromis dans les affaires et les scandales qui éclatèrent depuis.

L'AME DES RUINES

Pour Henri de Régnier.

Elle ne m'est apparue que deux fois, la première dans ce château de Roumanin, où Mistral avant moi vit jaillir entre les créneaux des plates-formes la belle Stéphanette de Gantelme, et l'entendit appeler si mélancoliquement, à la tombée du jour, les douces âmes de jadis, les illustres amants et les riantes amoureuses de ce beau pays de Provence, et Pierre de Châteauneuf et Jeanne des Porcelets et Guy de Cavaillon avec Hugonne de Sabran et Guilhem des Baux et la tendre Béatrice, et la dame de Porcairargues et celle de Moustier, Alix de Mayrargues et la comtesse de Die avec Blacas le Grand et le brun Pierre Vidal, le dernier troubadour.

Elles venaient et venaient, les âmes trépassées et Mistral disait : « Est-ce un rêve ou les sorciers m'ont-ils charmé ? » et légers, à travers la lande, les feux-follets couraient à cloche-pied et l'essaim mélancolique des pauvres âmes pales disait en passant : « Blondes ou brunes, nous sommes mortes, mais Laure d'Avignon est encore vivante, l'amour a préservé son nom. » « De l'amour, disait une autre déjà effacée, le rêve m'incendie jusque dans le tombeau. » Blanche-fleur de Flassant (car Mistral les reconnaissait toutes) *soupirait : « Il était doux d'entendre chanter les oiseaux sous le ciel bleu de mai, au retour du printemps. » Le Moine des Iles d'Or disait : « Remémorez-vous que la vie est un songe », et Pierre Vidal, le troubadour, secouait la tête avec ces paroles de flamme : « Qu'il y ait quelque chose de plus doux que la Provence et qu'amour ne soit rien, ô frères du Midi, laissez-le dire à d'autres ! » et tous disaient ensuite : « Souvenez-vous de nous » ;* mais aucune de ces âmes n'était l'âme des ruines.

A force de feuilleter Mistral et les vieilles chroniques du pays, j'avais fini, moi aussi, par les connaître toutes, ces fugitives visions des reines des cours d'amour qui furent dans les temps des regards, des larmes et des sourires, de la joie et de la douleur, un peu de cendre aujourd'hui et dont les poètes ont seuls gardé les noms ; j'avais fini par les connaître et par les aimer, ces belles héroïnes provençales, et du même amour dont j'ai toujours, moi homme du Nord, enveloppé les épiques figures de femmes de la légende celtique, Genèvre, Mélusine, Elaine, Viviane. « C'est que tu « es dans le pays des fées ici, ne cessait de me ré- « péter mon ami Rouquérolles que mon enthou- « siasme pour le passé amusait, dans notre beau « pays de Provence il n'est pas une pierre de la « route, pas une margelle de puits ou crête de « vieux mur qui ne parle d'une nymphe ou d'une « dame d'autrefois ; va plutôt consulter les ar- « chives de Nîmes ou d'Aix-la-Jolie. Imaginatif « comme tu l'es, je ne doute pas que par un de nos « beaux crépuscules tu ne rencontres un soir la « comtesse de Die ou Blanche Flore de Montfer- « rat. Avoue qu'il te tente, ce vieux castel de Rou- « manin là-bas sur sa colline d'herbes grillées, « entre ses broussailles d'amandiers sauvages et « d'oliviers nains »; et d'une des fenêtres de sa bastide il me montrait du doigt la vieille tour crénelée, encore debout à l'horizon au-dessus d'une inculte vallée toute bleue de romarins et toute noire de ronces, mais embaumant le genièvre et le thym.

Je crois bien qu'elle me tentait, cette promenade dans les ruines célébrées par Mistral. Au-dessus de ses fossés comblés par d'anciens éboulements, le gros donjon seul restait debout, silhouette attentive et menaçante comme en ont seules les très anciennes choses qui ont vécu autrefois; mais comme une peur superstitieuse m'avait toujours fait remettre au lendemain l'expédition désirée, et puis comment m'aventurer seul dans ces broussailles et ces pierres disjointes, par cette équivoque vallée brûlante et solitaire, sous le ciel blanc de ces après-midi de juin ?

Tout en blaguant mon beau zèle, Rouquérolles ne semblait pas plus se soucier de m'y conduire, à sa ruine de Roumanin, et ma curiosité n'en était que plus obsédante pour cette vieille bicoque délabrée, qui, certains jours, selon les jeux de lumière, apparaissait toute proche avec de l'azur entre ses meurtrières et sur ses murailles des fleurs de violiers qu'on aurait cru pouvoir toucher du doigt.

D'autres jours au contraire, elle apparaissait lointaine, lointaine, comme reculée à l'infini dans un paysage de rêve, à des centaines de lieues, irréelle et presque spectrale dans son irréalité.

Un soir qu'accoudé à la fenêtre de la petite salle à manger de l'ami Rouque, je m'attardais plus longtemps que de coutume à regarder le vieux donjon des comtes brasiller et noircir sur l'or incandescent d'un couchant de là-bas. « Hé ! je vois bien qu'il faudra qué jé t'y conduise demain, Monsieur lé Parisien, ricanait la voix perçante de Rouque, autrément tu en ferais une maladie, et puis au fait je té ferai faire connaissance avec l'âme des ruines. — L'âme des ruines ! faisais-je un peu effaré. — Et qué oui et qué vous êtes bien faits pour vous entendre. C'est une vieille un peu folle que j'ai toujours vue dans ces pierrailles depuis bientôt trente ans qué j'ai bastide ici : comme tu dirais la gardienne. Dans le pays on ne sait pas d'où elle vient, on l'appelle Fuldrade et on la croit un peu sorcière; dans le village les enfants lui jettent des cailloux, aussi n'y descend-elle plus. D'ailleurs impossible de savoir où elle se terre. On reste des mois sans la voir et puis, un beau matin, on aperçoit sa maigre silhouette rôdant entre les amandiers avec son troupeau de chèvres et son gros chien. Il y a trois ans encore, elle vendait du lait aux curieux de ces vieilles lézardes et leur faisait voir en détail les restes du château, qu'elle connaît mieux qué personne. Elle couche, dit-on, dans les souterrains et paraît bien avoir ses cent dix ans, l'ancienne; elle connaît toutes les légendes se rattachant à Roumanin, et d'autres, et d'autres encore, et se faisait, l'été, en les contant de petits gains; mais depuis un an elle est muette ou ne veut plus parler, la coquine. De quoi vit-elle? mystère. Fuldrade, la conteuse de légendes, c'est tout ce qu'on sait; des vieux du pays, qui l'ont toujours connue là et déjà vieille quand ils étaient encore enfants, prétendent qu'elle serait la dernière fille des comtes; une légende qui a cours dans toute la Provence veut que, le jour où la vieille bique mourra, le dernier donjon encore debout s'effondrera dans la vallée. Alors, nous tentons l'aventure demain ? — Je crois bien que nous la tentons, mon cher Marius, rien ne pouvait me faire plus de plaisir », et comme je lui avais saisi les deux mains, lui, se dégageant de mon étreinte : « C'est bon, c'est bon, Monsieur l'amoureux d'antiquailles ; et il faudra qué jé t'y conduise, car tu ne trouverais personne parmi ces brutes de paysans pour oser t'accompagner là, et, ce qui est tout à fait régalant, c'est que la tradition veut que, lorsqu'on visite les ruines, on en meure dans le courant de l'année, un des visiteurs du moins ; aussi n'y allait-on jamais qu'en bande, quand on y allait, encore ! On espérait toujours que ce serait le voisin, tu comprends. Demain, comme nous né serons que deux, lé choix ne sera pas long ; jé mé dévoue, tu vois. — Mon bon Marius ! — Et laisse donc, quand on meurt, c'est que ça devait arriver, et puis on se doit bien à ses amis. Tu en serais mort si tu n'y avais été. Pourvu que la brigande ne nous fasse pas choir dans quelque trou. Après tout, nous né la verrons peut-être pas, car je te préviens, elle déteste les Parisiens, et, comme elle a le nez fin, si elle té reconnait, adieu, nous ne verrons rien. »

Le lendemain, vers les cinq heures du soir, après une petite lieue de Provence qui en vaut bien quatre de Normandie, nous nous épongions consciencieusement les tempes au pied d'une colline à l'herbe rase et semée de pierrailles, tous deux harassés de fatigue et rouges comme des tomates, que mon ami Marius appelle des pommes d'amour. Nous marchions depuis le déjeuner au grand soleil dans une solitude absolue de genevriers et de lentisques ; cette maudite ruine, qui nous paraissait si près, vue de la bastide de Rouquérolle, semblait se faire un jeu malin de nous fuir. Avançions-nous de cent pas, elle reculait au moins d'un kilomètre, elle était comme animée d'une étrange vie de farfadet et nous narguait, réfugiée à l'horizon, presqu'au ras de la lande où la montagne de Roumanin s'était brusquement affaissée entre ses amandiers et ses oliviers gris. Etourdis par la chaleur grande et l'impatiente crécelle des cigales, nous n'en pouvions littéralement plus. Marius s'était subitement tu, et déjà depuis deux longues heures nous cheminions côte à côte en silence quand, douce comme un vol d'abeilles, une musique gothique, où riaient des voix fraîches et des fredons d'instruments à cordes, s'élevait. Je m'arrêtais net au milieu du chemin : elle partait, cette musique, de la lisière d'un petit bois de sapins et de peupliers blancs d'Italie massés à notre gauche, à cinquante mètres du chemin, et je crus voir distinctement, Dieu me pardonne ! un groupe de jeunes femmes et de beaux jeunes gens assis sur le talus, à l'ombre de la pinède.

Ils étaient sveltes et allongés dans de délicieuses attitudes aux pieds des dames installées en cercle autour d'eux et singulièrement attentives, mais leurs costumes étaient bizarres, de nuances tranchantes et pourtant adoucies, et en tout point pareils à ceux des princesses et des seigneurs donataires qu'on voit sur les anciens vitraux ; je fis part de ma vision à Rouquérolle qui soudain devenait très pâle et chuchotait entre ses dents : « Je t'ai dit que nous étions ici dans le pays des fées : c'est la comtesse de Die, la belle Phanette de Gantelme et la dame des Porcelets écoutant l'aubade de leurs amants que tu viens de rencontrer. Né les regarde pas, né té retourne pas, il est toujours dangereux dé mécontenter les morts. Tu n'es pas le premier qui vois ces choses, cela prouve que tu as pris un beau coup de soleil, il faudra té coucher en rentrant. Continuons-nous ? — Mais plus que jamais répondais-je, quoique profondément troublé. — Allons donc, nous y sommes. » En effet, le château de Roumanin ou plutôt ses décombres venaient de surgir tout-à-coup devant nous, et tout un grand pan d'ombre descendait du pied du donjon jusqu'au bas de la colline. Il y stridait, comme une scie, un chant exaspéré de cigales, et, la chemise trempée de sueur, nous nous engagions dans un étroit sentier en lacet zigzaguant au flanc du coteau.

Le soleil était bas à l'horizon, tout rose comme si un immense feu de Bengale s'était brusquement allumé dans le ciel, et sous l'énorme avancée de ruines, pour ainsi dire suspendues maintenant au-dessus de nos têtes, des lierres rampants, d'énormes blocs de pierre et de hautes orties embarrassaient nos pas et, parfois submergés jusqu'à la ceinture dans des ronces encore chaudes, nous étions forcés de tenir nos bras en l'air pour ne pas nous piquer, tandis que nos bâtons cassaient, rompaient les branches massées autour de nous.

Nous marchions dans l'ombre du château, et des traînées de clématites sauvages nous frôlaient le visage en longues retombées de la muraille géante.

Toute la campagne exhalait une forte odeur de genièvre, d'amande amère et de poussière brûlée, et c'était un véritable paysage de fées, une lande chimérique, équivoque, inquiétante, qui s'étendait à perte de vue à cent pieds au-dessous de nous. La petite musique gothique, devenue plus lointaine, bruissait toujours du côté de la pinède et, m'étant retourné malgré l'avis de Rouque, je crus apercevoir le Décaméron des belles dames de jadis et leurs amoureux deviser et musiquer sur l'herbe dans la lumière rose du couchant.

C'était maintenant un vaste brasier de flamme derrière Roumanin incendié. Toute la vieille tour s'y découpait en noir avec dans ses meurtrières, des longs I de braise incandescente : c'était grandiose, extraordinaire, quand l'ami Rouque, m'ayant pincé le coude, me chuchotait :

« La voilà, inutile d'aller plus loin », d'une voix si altérée que je m'arrêtais.

« Regarde ! » A deux cents mètres au-dessus de nos têtes, toute noire sur le ciel rouge, la silhouette d'une vieille femme, maigre, anguleuse et si desséchée qu'on eût dit une de ces chouettes clouées sur la porte charretière d'une ferme, se dressait, singulièrement agrandie dans l'embrasure d'une brèche, juste au pied de la tour; de chaque côté d'elle, une tête de chèvre se découpait, noire sur le ciel rouge avec ses cornes et sa longue barbiche : c'était diabolique et terrible, dans la vallée les cigales s'étaient tues, un grand silence avait conquis le paysage.

Et nous nous étions arrêtés, n'osant plus respirer.

« C'est elle, c'est Fuldrade » ; mais une pierre ayant roulé sous nos pieds en éveillant un écho dans l'abîme, l'ombre de la sorcière se pencha, si brusquement menaçante au-dessus de nos têtes que, malgré nous, nous fermâmes les yeux. Quand nous les rouvrîmes, elle et ses chèvres avaient disparu.

C'est ainsi que m'apparut pour la première fois l'âme des ruines.

Et nous ne retournâmes jamais à Roumanin. Par un accord tacite il n'en fut même plus question entre nous. Par les journées ensoleillées et lourdes, le vieux donjon avait beau s'approcher, s'approcher de la fenêtre de notre réfectoire et nous faire signe dans le bleu limpide des matinées ou l'or verdâtre des couchants, nous évitions de le regarder et son nom ne fut plus jamais prononcé dans la bastide. Je rapportai de notre aventureuse expédition un prodigieux coup de soleil, qui me tint huit jours alité avec une fièvre de cheval, et durant ces huit jours la petite musiquette gothique des belles dames et de leurs amoureux apparus dans l'air rose du crépuscule, les voix rieuses et les chansons du beau groupe rencontré auprès de la pinède me persécutèrent d'une façon si cruelle que mon ami Rouque crut sérieusement que j'allais avoir une congestion. La convalescence fut assez longue et j'en gardais une peur irraisonnée du soleil et des cigales qui suspendit pendant quinze jours toute excursion, toute promenade ; je n'osais même plus m'aventurer seul aux environs de la bastide comme je le faisais auparavant, ce qui est assurément une chose plus honteuse, mais je ne me souciais pas d'y retrouver les fantomatiques belles personnes qui laissent aux curieux de si implacables maux de tête et je commençais, dans mon for intérieur, à m'ennuyer terriblement dans l'intimité de mon ami Rouque, au grand désespoir du pauvre garçon. « Eh ! qué diable, il faut té distraire, il faut té sécouer, ce n'est pas parce que tu as attrappé uné pétite insolation... » Petite ! je l'envoyai à tous les diables ; comment la lui fallait-il alors ! Marius, il faut l'avouer, fut héroïque, il lui était si facile de me clouer le bec, car enfin c'est moi qui avais voulu cette déplorable équipée, mais avec une délicatesse dont je lui sais d'autant plus gré qu'il est méridional et de complexion rabâcheuse et bavarde ; il ne m'accabla pas de conclusions faciles, ne goguenarda pas et m'épargna toute cette abominable morale du bon sens que le Midi sert, inévitablement assaisonné d'ail et de rascasse, à la rêverie toujours inquiète des gens du Nord.

Si la tête me tournait au soleil, les journées n'en étaient pas moins longues derrière les persiennes closes de ma chambre ; si bien qu'un beau matin je pris mon courage à deux mains et déclarai à mon ami Marius que l'on me rappelait à Paris. J'étais aux regrets, mais j'avais reçu des lettres, des affaires impérieuses... le journal, mon éditeur. « Oui, tu t'ennuies, jé lé vois bien, pardine, mais aussi c'est ta faute, tu né veux rien faire, tu né veux pas sortir, tu restes là comme un grillon de cheminée dans la cendre, et tout cela à cause de... » Je l'arrêtai d'un geste : « Oui, à cause de... tu as raison, c'est moi qui l'ai voulu, j'ai tort. Ta vieille bonne cuisine comme sainte Monique, ton vin est excellent et il fait ici de l'air et du soleil à en revendre, mais je pars.— Allons, c'est bon, jé préviendrai le voiturier pour la fin de la semaine. — La fin de la semaine, tu est fou. C'est aujourd'hui lundi, je pars demain. — Démain ! » Et il eut un geste si profondément navré que je ne pus m'empêcher de sourire : « Eh bien, après-demain, mon pauvre Marius. — Ah ! oui, pauvre Marius, tu m'avais promis de passer ici deux mois et tu t'en vas après un mois à peine. — Un mois à peine? mais nous sommes le six juillet, et je suis arrivé chez toi le vingt-neuf mai. — Le vingt-neuf, tu crois ? — Ce qui fait... je partirai le huit; mai a trente et un jours, ce qui fait quarante-deux jours que je suis à ta charge, mon ami. — A ma charge, quarante-deux jours; tu as compté les jours, faut-il que tu té sois ennuyé chez moi. » Et avec un sanglot refoulé qui lui faisait la voix toute changée : « Oui, tu as raison, il vaut mieux qué tu partes démain ; garder chez moi un ami qui s'ennuie, cela mé fait trop mal au cœur ; je vais prévenir lé voiturier. — Marius ! Marius ! » avais-je beau crier; il ne voulut plus rien entendre, il était déjà au village. J'eus une minute de remords ; pauvre garçon, comme il m'était dévoué et fidèle, une amitié qui datait de notre quinzième année à tous deux quand nous étions élèves des dominicains d'Arcueil, mais ce bon mouvement dura peu et avec l'égoïsme qui reparaît toujours au fond de toute action humaine : « Ah bah ! faisais-je avec un geste d'insouciance, chacun pour soi dans ce monde, je m'ennuie trop dans sa bicoque, j'y mourrais. » Le lendemain matin, j'étais réveillé vers huit heures par un bruit de grelots : le voiturier et sa carriole étaient sous mes fenêtres, et l'ami Rouque, aidé de sa vieille bonne Alix, y hissait ma valise astiquée, ficelée, les boucles et les ardillons polis, je ne la reconnaissais pas, je n'en croyais pas mes yeux.

« Ah ça, tu deviens fou? interpellai-je Marius en venant m'étirer à la fenêtre, il est huit heures et nous partons. C'est l'express de six heures et demie que je prends ce soir, et en voiture nous en avons à peine pour cinq heures et demie d'ici à Marseille, tu m'emmènes donc déjeuner chez Roubion? » Rouque avait levé la tête. « Chez Roubion? nous déjeunerions donc à deux heures et demie ; non je t'emmène déjeuner sur l'herbe. » Et comme je sentais mon visage s'altérer : « Et pas dans une ruine, n'aie pas peur, tu né mé refuseras pas ça dé passer cette dernière journée avec moi, au bon de l'air, au bon soleil dé notre Provence. Tu né l'aimes plus pour l'avoir trop aimée, parisien que tu es! Vois cé qué j'emporte pour déjeuner! » Et, grimpé d'un bond dans la carriole, il me soulevait presque à hauteur du nez un immense filet bondé à en éclater de pains blancs, de saucissons, de boîtes de conserves pêle-mêle avec un énorme jambon vierge de toute coupure. Comme je restais abasourdi : « J'ai dans la paille, au frais, cinq bouteilles dé vin don tu mé diras des nouvelles, des reines-claudes de Mazargues et un pâté ; allons, descends ; allons ferme ton nécessaire et descends; jé né veux pas qué, rentré à Paris, tu dénigres notre Provence, jé té mène dans un endroit qui... oh! je te connais, va sûrement t'enchanter. »

Ce brave Marius avait profité de mon sommeil pour ranger et boucler ma valise avec des soins touchants, en frère aîné! Je n'avais plus qu'à faire ma toilette et à fermer mon nécessaire. Une heure après nous roulions au trot un peu sec du cheval du voiturier par une campagne roussie aux odeurs de miel et de menthe sauvage. La matinée était limpide et bleue, un petit vent frais venu de la mer faisait frissonner les hauts peupliers d'Italie plantés au bord de la route. « Mais enfin où me conduis-tu? » faisais-je au bout d'une heure de cahots dans les ornières desséchées; le silence de mon ami Rouque ne laissait pas de m'inquiéter, et j'avais gardé de notre dernière excursion un trop mauvais souvenir pour ne pas affronter sans angoisse les dangers d'une autre équipée; le *nous sommes dans le pays des fées* de mon ami Marius ne me rassurait pas du tout; mais lui, avec une malice dans les yeux: « Où jé conduis Monsieur l'amateur d'antiquailles? mais au bord dé la mer; mais nous n'y mangerons pas lé coquillage, il n'y a là ni village, ni pêcheur, mais la cigale y stride à côté dé la chanson dé la vague, et c'est un des plus jolis points de la Provence; tu verras, tu verras. » Et, le voiturier ayant fouetté son cheval, la brave bête prit le galop, et nous voilà filant un train d'enfer par la campagne ensoleillée à l'herbe courte et rare.

En effet, l'ami Rouque n'avait ni exagéré ni menti. Sur une longue plage de sable jaune et fin comme de l'or, une agglomération de cônes noirâtres qui pouvaient aussi bien être des tentes de cuir que d'énormes ruches d'abeilles se dressait à perte de vue, barrant l'horizon d'innombrables silhouettes ; au-dessus, la Méditerranée miroitait et bouillait couleur de plomb fondu sous un ciel d'un bleu sombre tournant presque au violet.

« Mais c'est un campement de bohémiens, ne pouvais m'empêcher de m'écrier, maudissant au fond mon ami de m'avoir entraîné dans cette solitude, est-ce bien prudent ce que nous faisons-là Marius ? — Dé bohémiens ! dis plutôt dé bohémiennes, car toutes les formes qué tu vois là-bas s'étalant devant la mer sont des cloches, oui, des cloches descendues dé leurs clochers et désormais muettes, les vieilles bavardes, et l'endroit s'appelle la *halte des campanes* ; il y en a là-dédans qui remontent jusqu'à treize et quinze cent, c'est tout une histoire. » Et comme j'écarquillais de grands yeux : « Cela remonte à des temps très anciens, du temps dé la guerre des Albigeois. Ces chiens d'hérétiques né s'étaient-ils pas emparés des cloches des villes et villages à plus dé trente lieues à la ronde, et ne les avaient-ils pas submergées, là, dans la Méditerranée, persuadés qu'elles ne remonteraient jamais au soleil ; mais après des siècles et des siècles, il s'est trouvé qu'un beau matin la mer s'est retirée et les cloches ont reparu, qu'on croyait oubliées, peuplant la grève de leurs âmes de bronze maintenant silencieuses et l'on a respecté leur silence. Il n'y a pas que la Bretagne qui ait sa ville d'Ys, nous sommes ici dans la ville des cloches. »

Et en effet c'étaient bien des cloches. Maintenant que nous approchions, je distinguais parfaitement leur grand troupeau épars ; c'étaient par centaines qu'elles sommeillaient au soleil sur cette grève sereine ; il y en avait d'énormes, de très hautes, de minces, de trapues comme affaissées sur elles-mêmes et toutes de formes gothiques et barbares, et elles étaient toutes noires à force d'avoir séjourné des années dans la mer ; les algues et les goëmons les avaient verdies; puis, lépreuses et rongées par les eaux, elles avaient noirci au grand air.

Elles semblaient toutes incrustées dans le sable, elles s'y étaient enfoncées de tout leur poids et quelques-unes dépassaient à peine le niveau de la grève, comme des noyés surnageant au-dessus de l'eau de la moitié du corps ; des grandes fleurs de mauve avaient jailli çà et là, des mauves d'un rose violacé et triste aux hampes toujours battues par la brise marine, et c'était bien là le plus morne spectacle qu'on eût jamais vu. Au-dessus de cette débandade de bronze la Méditerranée étageait ses longues moires d'argent, et l'air brûlant fraichissait, comme remué par d'invisibles palmes.

« Et l'on prétend que les anges y font halte le soir. » Nous avions mis pied à terre et nous nous dirigions vers la ville des cloches, quand le profil de quelques chèvres étiques apparues entre les mauves nous clouait prudemment à cinquante mètres de là. « Fuldrade ! » ne pouvais-je m'empêcher de murmurer ; à quoi Marius : « Ah çà, tu divagues ; Roumanin est à dix lieues d'ici et Fuldrade de quitte jamais les ruines. » Pour toute réponse je lui désignai la haute taille voûtée de la diseuse de légendes. Elle venait de surgir dans la ville des cloches ; le soleil baignait sa maigre carcasse et, grâce à la transparence de l'air, je la détaillais nettement. Enveloppée dans une sorte de robe couleur de cendre, elle dressait sur le bleu profond de l'horizon un cou décharné de vautour ; deux ou trois mèches blanches sortaient d'un petit bonnet de crin noir en forme de hennin posé sur son front chauve. Malgré son nez en bec sur ses lèvres minces et les mille rides de sa pauvre face grise, on devinait que Fuldrade avait dû être très belle autrefois. Elle marchait lentement entre les cloches noires, s'arrêtant de temps en temps pour en gratter avec son bâton les taches et les mousses et en lire les vieilles inscriptions. Devant elle, derrière elle, gambadaient ses chèvres fantasques, les dents aux fleurs de mauve, tandis que de temps à autre la vieille faisait halte pour regarder longuement l'horizon et la mer.

Son attitude disait alors le regret et l'extase et l'on sentait que ce spectre errant était tout au Passé ; elle était la sœur de ces cloches. Nous la suivîmes du regard aussi longtemps que nous le pûmes, mais les cloches la dérobèrent bientôt à nos yeux. Je n'ai jamais depuis rencontré l'âme des ruines.

III

LES ARTISTES MYSTÉRIEUX

VENEZIA BELLA. — LA DAME EN VERT. — TROIS TÊTES

VENEZIA BELLA

Venezia bella regina maris, l'envoi de l'année 93 du peintre Aman Jean au Champ de Mars. Pourquoi devant cette figure de femme nue aux chairs comme sauries par la patine du temps et s'érigeant dans une pose gracieuse sur un fond bleu de vieille tapisserie, pourquoi la sensation d'habileté et de pastiche s'affirmait-elle impérieusement en nous, et avions-nous conscience que cette belle dame aux membres menus de pucelette, avec son geste hiératique de cueilleuse de rose et son fin visage plongé dans le cœur de la fleur, aurait pu tout aussi bien se dénommer Vénus Aphrodite, Galathéa ou Amphitrite, et que les mots de *Venezia bella*, inscrits à la manière des vieux maîtres allemands dans un coin de la toile, avait été mis là pour les besoins de la cause, pour induire plus facilement encore lettrés et délicats en tentation de réminiscences et de rêveries anciennes?

Toutes les adresses et toutes les subtilités de son art, le faire précieux et jusqu'au truquage des couleurs volontairement amorties et ternies, ce peintre, certes, les possédait. Au cours de studieuses et patientes promenades à travers les musées, il avait dû faire de longues haltes devant les Carpaccio, Holbein et Mantegna : cette grâce un peu raide dans les attitudes, la gaucherie charmante des gestes et leur naïveté voulue, il les avait empruntés aux primitifs Italiens, mais il tenait de la Renaissance allemande ces bleus vitrifiés et ce manteau tailladé comme une houppelande de margravine; tous les accessoires des uns, toute la savante cuisine des couleurs des autres, il les avait amalgamées et fondues dans une œuvre d'un ragoût nostalgique et piquant; mais ce qu'il n'avait su prendre ni aux ardentes *Piéta* d'Italie, ni aux somptueux portraits d'électrices et de bourgeoises des maîtres allemands, c'était aux unes le rêve et l'au-delà de leurs grands yeux de prière, l'énigme douloureuse de leur sourire, aux autres les réalités vécues de leur physionomie datée comme d'hier; et les souvenirs pieusement entretenus de ce peintre épris de rêve et de symboles jusqu'au plagiat avaient trahi l'artiste à l'entrée du Mystère.

Venezia bella regina maris, et à propos de cette peinture quelconque d'une nymphe marine plus quelconque encore, le nom d'un autre peintre de Venise, et qui, lui, l'a faite inoubliable malgré l'exiguïté du cadre, chantait soudain dans ma mémoire.

Gustave Moreau, et dans la salle à manger du riche amateur Israélite, où je l'admirai autrefois, la somptueuse et mélancolique aquarelle représentant la ville des Doges réapparaissait presque miraculeusement devant moi.

Oh! cette belle et pensive figure de femme déployée dans sa nudité de princesse de la mer, tel un manteau royal, sur la croupe héraldique du vieux Lion de Saint-Marc, la songerie éternelle de ses trop larges yeux aux prunelles lointaines, la tristesse accablée de ses bras au repos le long de ce beau corps et, dans cet abandon, l'orgueil encore du sceptre tenu d'une main ferme, et ce fier port de tête, le calme impérial de ce front couronné s'érigeant, tel un lys, dans la double envergure des deux grandes ailes noires de son Lion.

Il n'avait pas eu besoin d'écrire le nom de *Venezia Bella* dans un angle du cadre, le peintre de cette allégorie hautaine; et rien qu'à voir ce beau groupe de femme et de Lion ailé errant au crépuscule sur les eaux d'un bleu mort d'un golfe mélancolique, l'immédiate pensée s'imposait à l'esprit d'une Venise encore reine et cependant déchue, rêvant à sa splendeur, aux choses de jadis, seule avec ses regrets devant l'Adriatique.

C'est que Gustave Moreau est un maître sorcier, un sorcier de l'art expert dans l'évocation du passé :

Et l'enchanteur est mort de son enchantement,

proclame le vers en forme d'incantation de je ne sais quel poète moderne; dans Gustave Moreau l'enchanteur est bien vivant, mais hanté jusqu'à la souffrance des symboles et des énigmes des anciennes théogonies.

Visionnaire comme pas un, la sphère des rêves lui appartient, mais, malade de ses visions jusqu'à en faire passer dans ses œuvres le frisson d'angoisse et de désespérance, il a, le maître sorcier, envoûté son époque, ensorcelé ses contemporains, contaminé d'idéal cette fin de siècle et sceptique et pratique ; et, sous le rayonnement de sa peinture, toute une génération de jeunes hommes s'est formée, douloureuse et alanguie, les yeux obstinément tournés vers le passé et la magie de jadis ; toute une génération de littérateurs et de poètes surtout nostalgiquement épris, eux aussi, de sveltes Salomés ruisselantes de pierreries et de Muses porteuses d'exsangues têtes coupées et d'Hélènes aux robes maillées d'or vif, aux fronts diadémés, s'érigeant, un lys à la main, pareilles elles-mêmes à de grands lys fleuris sur un fumier saignant de héros massacrés et pourtant éblouis.

Quand elle errait pareille aux Junons éternelles,
De son rire sonore exaspérant Pâris,
De vagues chaînes d'or sortaient de ses prunelles
Et ses pieds nus foulaient des corps d'amants meurtris.

Car il y de la sorcellerie dans les pâles et silencieuses héroïnes de ses aquarelles, belles à la manière du sonnet de Baudelaire :

Je hais le mouvement qui déplace les lignes,
Et jamais je ne pleure et jamais je ne ris.

C'est extasiantes et extasiées qu'il fait toujours surgir ses princesses de rêve dans leur nudité cuirassée d'orfèvreries : léthargiques et comme offertes dans un demi-ensommeillement, presque spectrales tant elles sont lointaines, elles n'en réveillent que plus énergiquement les sens, n'en domptent et n'en ensorcellent que plus sûrement la volonté avec leur charme de grandes fleurs passives et vénériennes, poussées dans des siècles sacrilèges et jusqu'à nous épanouies par l'occulte pouvoir de damnables souvenirs.

Oh! celui-là peut se vanter d'avoir forcé le seuil du Mystère, celui-là peut revendiquer sûrement la gloire d'avoir troublé tout son siècle, il a donné à toute une génération d'artistes, malades aujourd'hui d'au-delà et de mysticisme, le dangereux amour de délicieuses mortes, les mortes de jadis ressuscitées par lui dans le miroir du Temps.

Tous, dans la jeune école, ont plus ou moins

subi sa mystérieuse influence : c'est Joris-Karl Huysmans halluciné par sa *Salomé* dansante, et du roman d'*A rebours* conduit sur les pas du délirant fantôme aux terreurs de *Là-bas* jusqu'aux élans d'*En route* ; c'est Henri de Régnier, dont les beaux vers fleuris de symboles, telles des tapisseries héroïques, laissent passer entre leurs trames des masques douloureux de princesses de songe ; Gustave Kahn et ses *Palais nomades*, Bernard Lazare et son *Miroir des légendes*, Viélé Griffin et sa *Chevauchée d'Yeldis* dont l'héroïne a le charme à la fois éternel et fuyant des dames à hennin de Gustave Moreau, tous hantés, obsédés par l'œuvre synthétique du peintre, séduits par cette imagination de poète et d'érudit uniquement préoccupé des sources ethnographiques et des vieilles mythologies pour en comparer et en démêler les sanglantes origines.

Toute une vie passée à réunir en une seule les légendes issues de l'Extrême Orient, à les distinguer même métamorphosées par les croyances des autres peuples, puis à les rêver et à les faire revivre, aiguisées par l'inquiétude et les perspicacités d'un nervosisme tout moderne, telle est, mêlée de curiosités archaïques et d'intuitions émerveillantes, l'œuvre du peintre Gustave Moreau.

Oh ! cette douloureuse hantise des symboles et des perversités des vieilles théogonies, cette curiosité des stupres divins adorés dans les religions défuntes, est-elle assez devenue la maladie exquise des délicats de cette fin de siècle !

Et c'est toute justice, car cette peinture de suggestion est à la fois hallucinante et impérieuse comme la Beauté.

Que vous vous arrêtiez en effet devant la merveilleuse eau-forte de Bracquemon, devant le *Roi David* indolemment assis parmi les coruscations rares et les pilastres gemmés de son palais, ou que vous méditiez, songeur, devant le *Sphinx* ailé de la route de Thèbes dardant ses yeux d'onyx, intrépides et froids, sur Œdipe le héros voyageur, comme devant certains poèmes de Baudelaire, comme à l'audition de certaines musiques délirantes et lointaines, phrases de Berlioz ou de Weber, vous demeurez remué jusqu'aux entrailles, pris au charme de je ne sais quelle voix de sirène, au fond déconcerté, ébahi par cet art qui franchit la limite de la peinture, emprunte à l'art d'écrire ses plus subtiles évocations, et ses finesses les plus exquises à l'art du lapidaire et du graveur..., cet art de Gustave Moreau qui, malgré nous, nous fait songer à celui de Gustave Flaubert, Flaubert, cet autre visionnaire, Flaubert l'évocateur des splendides cauchemars de la *Tentation* et du rêve vécu de la puissance de Carthage.

D'ailleurs, n'est-elle pas un peu sœur des *Salomés* du peintre de l'*Apparition*, cette svelte et pensive Salammbô aux chairs macérées par les fards, grandie dans les prières, les jeûnes et les extases au milieu des parfums, et plus bruissante de pierreries dans ses robes tramées de sardoines que son serpent bruissant d'écailles.

Comme Gustave Moreau, Gustave Flaubert est obsédé des mythes antiques. Comme le peintre du *Sphinx*, il est surtout préoccupé de ce qu'ils ont de sinistre et de cruel ; c'est par monceaux qu'il entasse les blessés râlant et les héros vaincus sous les murs de Carthage. Salammbô, debout sur la terrasse du château d'Hamilcar et dominant de son grave profil les ruts exaspérés du camp des mercenaires, y apparaît dans la pose hiératique et songeuse d'Hélène ; les yeux mi-clos, placide et silencieuse, étoffée d'une robe gemmée, elle s'érige comme elle, une fleur à la main, au sommet de la tour, au-dessus d'une masse croulante et rouge de beaux jeunes hommes égorgés.

Et puis n'ont-ils pas tous les deux aimé, Flaubert comme Moreau, l'écrivain comme le peintre, et cela jusqu'à l'incantation et jusqu'à l'évocation chère aux amours coupables, Salomé la danseuse, la buveuse de sang et la fleur vénéneuse du festin du tétrarque, Salomé et sa mère, la princesse adultère et tueuse de prophètes, Hérodiade Hérodias.

Venezia bella, et sur un ciel d'une tristesse

infinie, ciel de soufre et d'or, la belle figure alanguie de Venise passait lentement devant moi, nonchalamment couchée sur l'échine du monstre, avec, au loin à l'horizon, les coupoles d'étain de la ville des Doges, Venise, reine de la mer.

LA DAME EN VERT

Il y a deux ans, au Champ de Mars, dans la salle même où la folie du mouvement des Espagnoles de Dannat se déhanchait et se tordait, démoniaque et frénétique, pour l'exaspération grande du bourgeois, presque vis-à-vis de cette peinture exacerbée et brutalement poussée au bleu, sur la même cimaise où Boutet de Monvel exposait la nullité sur porcelaine de ses Dianes vaselinées et de ses mondaines aux yeux d'émail, côte à côte avec les hardiesses voulues et les savants jeux de lumière d'un vrai peintre pourtant, M. Alexander, trois grands portraits d'égale hauteur m'attirèrent entre tous par le ton d'agate et la préciosité de leur atmosphère. Avant même d'avoir distingué les personnages debout au milieu de leurs cadres, une hallucinante impression de rêve et de réalité m'avait saisi devant ces trois formes, non plus fixées sur la toile par des procédés plus ou moins ingénieux, mais apparues bien vivantes d'une vie de mystère dans l'austérité froide de vastes pièces sans meubles, salons à l'abandon de patriciennes demeures bien propres aux évocations; et, entre ces hauts cadres, ouverts comme des portes sur le vide de je ne sais quels somptueux intérieurs, régnait cette indéfinissable atmosphère d'ombre fluide et de gris laiteux, atmosphère étrange où les chairs se nacrent et où les bleus s'irisent comme sous un clair de lune, et que je ne connais qu'à trois peintres au monde, Reynolds, Burne Jones et Wisthler.

Ils représentaient trois femmes, ces portraits, toutes les trois debout, une vieille dame en noir, une jeune femme en vert, une enfant en jaune, l'enfant au milieu : la même boiserie grise aux minces filets d'or courait derrière elles, et les faisait toutes les trois habitantes d'on ne savait quel équivoque salon Louis XVI, ou peut-être, qui sait, égarées dans le long corridor d'une maison Usher. Une même vie de fantôme les animait toutes et leurs ombres portées se tassaient derrière elles, assez inquiétantes pour qu'on craignît la pièce hantée ; mais la jeune femme et l'enfant surtout obsédaient.

Oh ! la Dame en vert ! Dans quel conte d'Edgar Poë avais-je déjà rencontré cette jolie tête expressive et si pâle sous l'or soyeux de ses cheveux ? Et ces beaux yeux d'un bleu transparent et humide, ces yeux d'eau, ces deux larges prunelles égarées comme plaintives dans la supplication d'un éternel adieu ? Où avais-je déjà vu, aimé, passionnément aimé, adoré et pleuré dans le rêve ou dans la vie et cette fine pâleur, et ce délicat profil, et toute la souffrance de cette aristocratie, frappée elle-même dans sa grâce touchante d'on ne sait quelle stupeur?

Dona Ligeïa, Morella, Bérénice ou peut-être la si mélancolique et délicieuse dame, dont la vie, le regard et le sourire s'évanouirent un soir, quand son ami les eut fixés sur une toile impérissable, et qui mourut, soutirée d'elle-même par l'adorante ardeur de son peintre, enfermée en tête à tête avec lui ; et des noms de morbides et fuyantes héroïnes, de belles hallucinées encore plus hallucinantes se pressaient sur mes lèvres sans qu'aucun ne convînt et ne s'appliquât pourtant à cette tête douloureuse et charmante, au satiné de cette nuque de neige, au bleu profond de ses deux yeux brûlants, yeux de larmes et de flammes, comme en a seule l'agonie amoureuse, l'agonie amoureuse d'une âme, âme de mère ou d'amante.

Serrée dans une robe d'un vert gris au corsage un peu raide qui la faisait sans date, elle glissait plus qu'elle ne marchait, d'un pas quasi fantôme, sur le parquet de la haute pièce vide ; le bouffant de ses manches exagérait encore la minceur de son cou et l'on sentait que la lourde traîne de sa robe devait frôler sans bruit, ainsi que dans les rêves,

Lente et souple, avec néanmoins une raideur un peu spectrale peut-être dans la taille très droite, elle s'en allait, vue de dos, vers le fond de la pièce, déjà presqu'enfoncée dans le vague des boiseries. Les apparitions des récits fantastiques ont de ces sorties et de ces glissements. Oh ! elle ne sortait pas de son cadre, celle-là, elle ne faisait pas la fenêtre au public, mais, déjà entourée de mystère, elle s'effaçait avec sa beauté fragile et condamnée, comme une ombre chérie qui ne reviendra plus ; et c'est le poignant de cet adieu qui vous serrait le cœur, adieu de tout ce corps à demi tourné vers vous et vous jetant, déjà dans l'inconnu, le *ne m'oubliez pas* de ses yeux résignés et doux comme un sourire.

Dans le cadre immédiatement voisin du sien, sur le même fond de froides et somptueuses boiseries, une étrange petite fille, très grande pour ses six ans, ouvrait dans un visage d'enfant peureuse et triste les mêmes larges prunelles transparentes et bleues, les mêmes yeux d'eau hagards et suppliants. Cela devenait hallucinant, je connaissais aussi ces yeux-là et j'avais vu cette enfant quelque part ; là, le costume dérangeait et déroutait un peu mes souvenirs : la gaine de soie jaune dont on l'avait affublée, une lumineuse robe d'or toute droite qui en faisait une royale petite infante, l'arrangement de ses boucles brunes auréolant son jeune front me mettaient moins à l'aise que devant le portrait de la mère ; car la frêle Dame en vert était, certes, la mère de cette jolie enfant. Leurs regards vivaient trop de la même souffrance, de la même impression d'inquiétude et de tendresse ardente, dans le même bleu de bleuet : et, ce qui me frappait surtout dans cette enfant, c'est cette façon déjà observée ailleurs chez une autre petite fille, où et quand rencontrée? de tenir la tête inclinée sur l'épaule, cette timidité d'attitude, cet effarement un peu craintif de petite âme précoce en arrêt devant la vie et qui se replie frileusement, cet air, comme je l'avais baptisé autrefois chez une autre, *de petit oiseau tombé du nid.*

Et voilà qu'en rapprochant maintenant le portrait de l'enfant de celui de la mère une éclaircie se faisait dans ma mémoire, un souvenir d'enfance s'y précisait, et quel souvenir !

Sonyeuse ! et toute la mélancolique et mystérieuse aventure, qui passionna durant dix ans la petite ville de province où j'ai été élevé, revécut tout à coup devant moi ; toute cette douloureuse et quasi tragique aventure d'amour, à laquelle j'ai consacré les premières deux cents pages d'un livre et dont j'ai dû rêver et inventer la fin, puisque les hôtes de Sonyeuse disparurent du pays sans avoir laissé pénétrer leur histoire et que trente ans passés sur une tombe aujourd'hui introuvable n'ont pas encore donné le mot de cette énigme.

Sonyeuse ! et je revois ce grand pavillon Louis

XIII enfoui sous les ombrages de son parc dormant ; Sonyeuse et ses pelouses d'avoines et d'herbes folles, où jusqu'à dix ans j'ai passé la plupart de mes journées, admis dans la quiétude du somnolent domaine grâce à la liaison toute botanique de mon père et du vieux jardinier gardien ; Sonyeuse, du nom des marquis de Sonyeuse, une grande famille de Normandie dont le marquis vivant venait deux fois par an toucher ses fermages dans le salon de ce pavillon Louis XIII aux volets clos toute l'année ; Sonyeuse, où je ne pénétrai jamais plus du jour où j'y rencontrai lord et lady Mordaundt.

Cette belle et triste lady Mordaundt, à laquelle je songe encore après un quart de siècle et dont j'ai toujours gardé en moi la vision presque surnaturelle, tant elle m'apparut, du premier jour où je la vis, et dans sa souplesse, et dans ses allures, et dans sa grâce frêle, d'une autre race, d'une nature autre que ma mère et les femmes que je voyais tous les jours.

Les Mordaundt amenaient avec eux dans Sonyeuse une délicate petite fille de sept à huit ans dont la ressemblance avec sa mère inquiétait ; même adorante et fervente tendresse dans le visage de la mère et celui de l'enfant, même regard effarouché, un peu hagard et comme baigné de larmes dans les prunelles du même bleu intense, et dans toute l'attitude du corps et des gestes le même charme de victimes comme résignées d'avance à leur sort.

Les Mordaundt résidèrent deux ans dans la petite ville de la côte, au milieu de l'hostilité curieuse de toute une société enragée du mystère dont ce beau couple s'entourait ; ils vécurent, là sans recevoir personne autre que le médecin, évitant toute liaison et si cloîtrés, si retirés en eux-mêmes, que la malignité provinciale soupçonnait aussitôt une existence irrégulière et démêlait vite un amour coupable exilé là, entre les grands murs de Sonyeuse, retraite en effet indiquée pour des gens obligés à fuir et à se cacher.

On ne rencontrait lady Mordaundt que rarement, le dimanche parfois à une messe basse, et toujours l'étrange petite fille avec elle, et son air navré d'enfant trop riche élevée sans amis de son âge et qui regrette et qui s'ennuie déjà. On la rencontrait plus souvent avec son père lui faisant arpenter les quais à grands pas, et cela jusqu'au jour où éclatait la grande catastrophe de leur vie. Oh ! le soir de décembre, où la nouvelle se répandit tout à coup dans la ville, que la petite Mordaundt avait disparu, enlevée et emportée en barque sur un bateau de plaisance mouillé en rade, qu'une femme de chambre l'avait vendue et que la mère, atteinte d'un transport au cerveau, agonisait avec des gestes de somnambule et le nom de sa fille aux lèvres, inconsciemment répété en une heure deux cents fois.

Agonie de huit jours qui passionna jusqu'au délire toute la petite ville prise enfin de pitié ; toute la société suivit le convoi de la malheureuse jeune femme : lord Mordaundt ou du moins celui qui se donnait ce nom quitta la ville dans la huitaine, et Sonyeuse depuis lors est toujours à vendre, les marquis de Sonyeuse n'y reviennent même plus.

Et, chose plus troublante encore que cette mystérieuse histoire, voilà que devant deux portraits signés La Gandara, deux envois d'hier au Champ de Mars, la cendre encore moite de larmes d'un souvenir d'enfance devenait de la chair, s'animait, prenait vie, et que la svelte, la blonde et charmante jeune femme, cette anonyme lady Mordaundt, si mélancolique et si tendre, dont la beauté avait mis en émoi et obsédait encore après trente ans passés l'opinion de mon pays, lady Mordaundt était là devant moi plus fuyante et plus délicieusement désirable que jadis. C'est elle dont le sourire et le regard perdu me requéraient si tristement dans le portrait de la Dame en vert. Entre les montants de son cadre, c'est le regard effaré et cependant si doux de la petite Hélène Mordaundt qui me regardait à travers les pupilles étrangement dilatées de l'enfant en robe jaune, et, au delà du temps et de l'espace, après plus de vingt-cinq ans révolus, les deux dames de Sonyeuse, la mère et la fille, me fixaient l'une et l'autre, à demi souriantes : elles aussi m'avaient bien reconnu.

TROIS TÊTES

I

« *Dans les solitudes de la journée, alors que l'homme sue et gémit au profit du seigneur, la femme, elle, rêveuse au coin de l'âtre, écoute le crépitement des meubles, le glissement des salamandres dans la flamme où se prépare le repas. Un peu de son âme habite dans la lampe fumeuse au fond des grossières poteries. Seulement les rumeurs indistinctes se rythment selon un sens de mystère; ce ne sont plus des sons sans suite, ce devient une voix familière qui console et répond. Le long soliloque amoureux de la femme avec elle-même a créé le Diable.*

Tout d'abord, il se fait si humble, le nouveau venu ; on dirait un grillon qui sort de la cendre pour dormir aux plis d'une jupe. Elle n'en dit rien au mari, qui rentre las, abruti et amer. La nuit, à côté du mâle qui dort, elle y songe comme malgré elle... Déjà son désir lui donne une forme, déjà elle sent un contact léger, un souffle aux petits cheveux de sa nuque, un chuchotement à son oreille, une pression sur sa chair qui mollit...

Et, un beau jour, quand le seigneur double ses exigences, s'il faut trouver de l'or quand même, elle se livre, elle et son affolé mari, et c'est le premier sabbat qui commence.

Le baiser de Sathan l'a rendue belle. Ses voisines la jalousent; la femme du seigneur la soupçonne. Un dimanche, l'église se ferme devant elle, et, poussée par la menace de mains brutales, elle s'enfuit dans les landes, partout où la nature rebelle et sauvage fait espérer la liberté. Hier, elle était seule ; demain, elle est légion. De très loin, on la consulte ; elle guérit les chagrins d'amour, fait avorter, vend des philtres. C'est elle-même une plante triste et consolante, une solanée pleine d'ivresse et d'oubli. »

Une solanée pleine d'ivresse et d'oubli, c'était bien là, en effet, l'impression donnée par ce douloureux profil de femme en extase, si émacié et si pâle sur le bleu de lapis d'un paysage de roches et de cavernes, délire d'âme errante à travers je ne sais quelles mystérieuses solitudes ; et c'est jusqu'au malaise que la conférence de Jules Bois sur le culte de Sathan me hantait devant l'élan tragique de cette figure blême, tendue toute entière, lèvres béantes et prunelles fixes, vers un périlleux au-delà.

Les voix du ciel, quand elles se révèlent, ne mettent pas ce masque de souffrance hébêtée et heureuse sur le visage des saintes attentives, et la prometteuse et menteuse voix du désespoir peut seule attirer, à la nuit tombante, une telle intensité d'égarement dans le sourire, une telle inconscience de l'heure et du danger dans l'équivoque splendeur de semblables crépuscules.

« *Le baiser de Sathan l'a rendue belle. Un dimanche, l'église se ferme devant elle, et, poussée par la menace de mains brutales, elle s'enfuit dans les landes, partout où la nature rebelle et sauvage fait espérer la liberté.* »

Et plus je regardais cette passionnée silhouette de voyante, plus la blancheur de ses chairs d'hostie, plus ce long col exsangue et cet ovale amaigri sous les cheveux pareils à des vipères tressées m'apparaissaient marqués de l'irréparable baiser C'est à la messe noire, aux assemblées nocturnes au bord de l'eau des mares, dans l'herbe baignée de brume des prairies crépusculaires, que s'acheminait cette extatique figure, hiératiquement droite dans sa robe en lambeaux, comme mue en avant par d'invisibles mains, qui l'auraient poussée dans l'ombre. C'est au sabbat qu'elle va, les yeux démesûrément agrandis sous sa couronne de houblon et de verveine, et tout à l'heure c'est elle qu'on dépouillera et qu'on couchera nue en travers d'un ancien dolmen, aux pieds du bouc impur apparu tout à coup formidable et géant au-dessus de la plaine ; un sinistre lever de lune rougeoiera sur sa nudité frissonnnante et, aux acclamations d'une foule de cagoules et de masques hideusement mêlés, sa triste chair de victime saignera et grésillera, fumante, pour fournir la pâte au pain maudit du Diable ; et ses lèvres désormais, ses lèvres que rien ne pourra plus maintenant assouvir, se vanteront de connaître les mots qui font oublier, sorcière ensorcelée, mensongère et consolante fleur de tristesse et d'oubli.

II

Elle parvint ainsi dans le pays des fées.

C'était cette fois dans un nostalgique et merveilleux paysage de grottes et de rochers évidés par la base et s'entr'ouvrant en porches sur des immensités d'eaux, c'était une idéale et douce figure de femme, un pâle visage de princesse ou de fée à la chevelure annelée d'un blond roux presque rose, toute piquée de fleurettes à la Botticelli.

Elle coulait, cette chevelure, hors d'un clair escoffion de brocart et de perles, encadrant de serpenteaux rosâtres une bouche sensuelle et triste et deux yeux de prière, deux lointaines prunelles d'un vert glauque, laiteux; et tout dans cette attitude implorante et lassée, et jusqu'à la somptuosité de la robe violâtre ramagée de rosaces, et des triples colliers de perles autour de son cou, tout proclamait et disait l'exilée, celle qu'a bannie loin des cités la soupçonneuse injustice des hommes, l'éternelle et touchante condamnée qu'un monde inexorable a vouée à l'horreur des solitudes, et l'alexandrin inscrit sur une banderolle au-dessus de la délicieuse tête :

Elle parvint ainsi dans le pays des fées

me remémorait aussitôt l'inoubliable légende.

La belle Mélusine enivrait les regards,
Si blanche avec ses yeux couleur d'algue marine,
Que son peuple effaré de sa splendeur divine
La chassa de sa ville; et là, loin des remparts,

Elle errait à pas lents, la pâle Mélusine,
Les bras nus cerclés d'or et lourde de brocarts,
Et les larmes roulaient sur sa blanche poitrine
Entre les cheveux roux sur son long col épars.

Elle parvint ainsi dans le pays des fées.
Et parmi des ravins pleins de voix étouffées
Elle fit halte : alors elle vit que les loups

Dociles la suivaient et que ses grands yeux fous,
En se fixant au ciel, arrêtaient les nuées
Errantes sous la lune et le vol des hiboux.

Et c'était bien en effet Mélusine et son impérieuse beauté de princesse de contes, qu'évoquait dans ce bleuâtre paysage la tristesse accablée de cette figure de femme à la rousse chevelure enjoaillée de gemmes et de fleurs ; on devinait une nature fée dans ce désert de roches et d'étangs, une de ces solitudes hantées par le monde invisible comme en peint, baignées d'un translucide azur, le maître Gustave Moreau. Si le paysage était fée, la femme elle-même, à force de le parcourir, l'était devenue ; il y avait dans ses glauques prunelles comme un philtre de mélancolie, et cette errante à la robe fleurie charmait sûrement, rien qu'en levant les yeux, et les oiseaux dans l'air et les bêtes dans les bois : Mélusine.

III

Princesse d'automne. Ainsi s'intitulait la troisième, une souriante et charmante figure aux lèvres sinueuses, aux yeux longs et luisants sous la paupière un peu bridée, Gozzoli a déjà prêté ce regard et ce sourire à ses têtes de chérubins amoureux de la Vierge, équivoques et dangereux pages célestes plus troublants parfois pour la tranquillité des âmes que la nudité saignante des martyres. Elle joignait, cette mystérieuse princesse d'automne, au charme hautain d'une belle fleur royale, s'ouvrant blanche et calme, l'ambiguïté d'un visage d'enfant plus garçon que fille, et la science profonde de ses yeux inquiétait ; et pourtant quelle sérénité dans ce front rond, uni et chastement voilé de bandeaux d'un brun roux.

Avec un beau sourire tranquille, sourire aux lèvres épaisses, enroulées et sûres de leur immédiat pouvoir, elle érigeait un buste adolescent légèrement bossué à la place des seins, au-dessus de deux fleurs chimériques et bleuâtres, deux monstrueux dahlias aux pétales pressés d'un blanc douloureux et fané qui parfois se violace et qui parfois bleuit. Autour d'elle un prestigieux palais multipliait de frêles colonnettes, des escaliers et des terrasses s'étageaient au-delà, çà et là traversés par des servantes muettes, et c'était, sous les voûtes peintes, une atmosphère accablée de silence, une torpeur énervante ; au loin, à l'horizon, un jaune ciel d'orage s'encadrait aux arcades.

Et cette princesse d'automne dans sa robe orfévrée hermétiquement close, avec, à la place de son cœur, se deux grosses fleurs malades était bien l'âme somptueuse et morbide, expérimentée et savante et par cela même tranquille, de ce palais d'oubli.

Rousse du roux des forêts d'octobre, elle était bien, avec la pudeur apprise de son attitude, l'expérience inquiétante de ses yeux enfin calmes et l'équivoque attrait de son sourire, elle était bien la princesse d'automne, la princesse des illusions mortes, des convoitises éteintes et des rêves à jamais perdus. Certains anges des Primitifs portent cette tête de voluptés assagies au-dessus de longues ailes empourprées, mais l'ourlet de leur robe a sûrement effleuré l'asphalte et le bitume des anciens lacs maudits, et c'est moins du ciel du Christ et des douze apôtres que de la maison de Loth que descendaient ces envoyés célestes, quand le mysticisme ardent et tourmenté des Léonard et des Sandro les accueillit en Italie.

Cette délicieuse et lassante rêverie, tout ce troublant passé de mysticisme et d'hérésie sensuelle évoqués, respirés devant trois pastels de Mme Jeanne Jacquemin, je me plaisais à en prolonger et à en savourer l'ivresse tout en suivant le chemin de halage de Billancourt à Sèvres, et sur ces berges dépouillées de la Seine, où je m'attardais dans une espèce d'hallucination d'art, voilà que, sous l'empire de je ne sais quelle magie, je trouvais à cette morne et lépreuse banlieue des aspects de campagne italienne : ces peupliers d'avril d'un vert encore si tendre, je les plaçais en imagination dans les environs de Fiesole, je prêtais aux coteaux de Clamart et de Meudon les contours hardis des montagnes de Florence et, parole d'honneur, devant l'enclos d'un maraîcher, où tout un essaim de cloches à melons étamées de soleil m'avait fait instinctivement chercher en l'air un clocher d'église absent, je me prenais à rêver d'une descente en chœur de belles dames de bronze, d'une halte et d'un repos des carillonnantes cloches à même l'herbe des champs.

Tout cela pour avoir vu le regard de trois têtes.

IV

CONTES D'UN BUVEUR D'ÉTHER

LE MAUVAIS GITE. — UNE NUIT TROUBLE. — RÉCLAMATION POSTHUME. — UN CRIME INCONNU. — LES TROUS DU MASQUE. — LE VISIONNAIRE. — LE POSSÉDÉ. — LA MAIN GANTÉE. — LE DOUBLE.

LE MAUVAIS GITE

Pour Joris Karl Huysmans qui l'a connu.

I

C'était à la vérité un assez bizarre appartement, les pièces se commandant toutes et contournant en enfilade l'angle d'une très ancienne maison, mais d'apparence assez mauvaise pour m'avoir fait hésiter, au seuil, la première fois que j'y vins visiter Allitof. Comment cet affiné d'art et d'élégance avait-il pu accepter l'équivoque voisinage du mastroquet installé au rez-de-chaussée et la sordidité presque infâme de ce couloir en boyau et de l'escalier surtout, cet escalier perpétuellement obscur aux marches descellées, où la puanteur des plombs mettait à chaque étage un relent de mauvais lieu ? Il est vrai qu'Allitof avait trouvé là pour un morceau de pain dans un quartier délicieux, à deux pas du pont de la Concorde et de la Chambre, trois grandes pièces étonnamment claires, donnant toutes les trois sur une petite place silencieuse, presque provinciale de calme et de propreté et dominant, par-dessus un grand mur, le parc en boulingrins d'un vieil hôtel Louis XVI : et Allitof habitait le premier. Ces avantages de lumière et de quartier, la vue surtout sur les charmilles et les pelouses du parc pouvaient à la rigueur faire supporter l'horrible façade peinturlurée de billes et de queues de billard sur fond lie de vin du rez-de-chaussée ; mais l'escalier et le couloir ! Quel appartement ! J'avoue que, pour ma part, je ne m'y serais jamais résigné ; mais, une fois qu'on y avait pénétré, la surprise en était d'autant plus délicate ! Tel qu'il était, cet appartement inondé de jour et arrangé, meublé, orné avec je ne sais quelle recherche savante, je dirai même avec sensualité, détonnait dans cette vieille maison d'ouvriers, comme des dessous de soie et de dentelles tout à coup rencontrés sous des loques. Etait-ce un effet voulu d'Allitof ? Mais, sa porte une fois ouverte, on lui en voulait comme d'une déception, mais en même temps on lui savait gré de cette maison si ingénieusement décevante ; contrairement aux idées préconçues, la laideur du cadre faisait chez lui la fortune du portrait, et cette garçonnière d'artiste installée au cœur de ce logis suspect charmait à la manière de quelque fruit exquis à rude et laide écorce, et c'était là, en somme, piège tendu ou bien défi jeté au snobisme moderne, une ravissante mystification.

Allitof n'avait pas vu si loin ou du moins le prétendait-il ; il avait été séduit par le bon marché des neuf cents francs de loyer et le hasard inespéré d'une installation toute faite : l'appartement précédemment occupé par un ami de Serge, un provincial assez coureur qui en avait fait un nid d'amour capitonné pour volailles huppées et oiseaux de passage, lui avait été offert et cédé à bon compte avec vitraux anglais, tentures, tapis et cabinet de toilette des mieux aménagés ; il est vrai que les Smyrnes et les Persans recouvraient un simple carrelage et que les tentures rose vif du salon et bleu tournant au vert de la chambre à coucher, masquaient de pauvres murs badigeonnés de chaux..., mais neuf cents francs de loyer !

Dans ce cadre voluptueux aux nuances assorties aux teints problématiques des belles visiteuses, Serge n'avait eu qu'à installer son mobilier d'homme de lettres artiste épris depuis quinze ans des vieilleries à la mode et coureur assidu des brocantes du Temple et des ventes d'atelier ; aussi le gai matin d'avril où je pénétrai pour la première fois dans cette claire enfilade de pièces toutes chatoyantes d'étoffes et d'aquarelles aux murs, avec çà et là des profils ventrus de beaux meubles agrémentés de cuivres et, parmi des pâleurs de vieux verres de Venise, de frêles envolements de statuettes, je ne pus m'empêcher d'admirer sa trouvaille et de l'en complimenter. Par les cinq fenêtres grandes ouvertes toute l'allégresse du jardin d'en face montait, entrait, remplissait les trois pièces, et c'était, au milieu des bibelots, une odeur de printemps et de feuilles vertes qu'une gerbe d'iris bleus, posée là sur une table, et sentant la vanille achevait d'affiner. « Mais sais-tu que je t'envie ! » ne pouvais-je m'empêcher de m'écrier ; à quoi Serge, me tapant familièrement sur l'épaule : « Et toutes les joies ! pas de domestique, un ordonnance ! » Et il me montrait par la porte de sa chambre entrebâillée un crâne tondu ras et deux bras à mains rouges s'agitant au-dessus d'un couvre-lit brodé : « L'ordonnance du général de C..., mon voisin, l'autre côté de la rue, qui en a trois ordonnances, et qui veut bien me prêter celui-ci. Entre chez moi le matin à neuf heures, en sort à midi et je ne le vois plus de la journée ; à cinq heures ma couverture est faite et sur mon lit mon habit préparé, est-ce enchanteur ? un service invisible, j'ai résolu le problème. — Nous sommes en avril, c'est très bien, mais l'hiver, la grave question des feux ? — L'hiver, mettons cinq mois, j'en passe deux à Nice, puis le général me prêtera son deuxième ordonnance. A trente francs par mois, je puis m'offrir cela ; mais allons déjeuner. »

Ce printemps-là, Serge et moi, nous en passâmes presque toutes les soirées ensemble, soit au cirque, soit dans le monde (la belle saison à Paris rapproche étonnamment les avenues de Passy du faubourg Saint-Germain par les allées en fleurs des Champs-Elysées) et nous nous rencontrions bien une moyenne de trois fois par semaine, puis vint l'été ; je partis pour Aix, Allitof pour Londres, et nous nous perdîmes de vue, et six mois s'écoulèrent sans lettres et sans nouvelles sur notre ancienne liaison ; mais cela, c'est la vie de Paris !

En février dernier, comme je descendais vers six heures je ne sais quel escalier de rédaction, je bousculais étourdiment un chapeau haut de forme enfoui dans le collet relevé d'une longue pelisse fourrée qui, elle, montait dans le sens opposé, mais si lentement, si péniblement. Je m'excusais, quand soudain une voix m'appelait par mon nom ! « Allitof ! — Tu ne m'aurais pas reconnu, hein, vieux ? — Mais, si fait, » et je balbutiais mal mon mensonge, car lui, avec un équivoque sourire, un sourire ironique et navrant : « Je suis changé, hein ! Avoue que tu ne m'aurais pas reconnu si je ne t'avais pas parlé. Ah ! j'ai été très malade, en effet ; je le suis encore, très malade ; c'est un hasard que tu m'aies rencontré, je ne sors plus le soir ; ce quartier est si triste, il ne s'anime qu'au printemps, on rentre si tard à Paris maintenant. — Ah ! tu habites toujours ton affreuse maison ? — Oui, mon affreuse maison. » Et sa voix sur ce mot *affreuse* s'altérait, si singulière, que j'en avais malgré moi le frisson. « Tu ne vas donc pas à Nice, cet hiver ? — Non, pas encore, je travaille ; viens donc me voir un soir que tu n'auras rien à faire, viens même dîner, mais alors à six heures, car j'y dîne maintenant, dans mon affreuse maison. »

Et je n'y allai qu'un mois après, dans sa bizarre garçonnière, me souciant peu en vérité d'aller m'enfermer tout un soir avec l'original à mine de poitrinaire et à voix caverneuse que j'avais retrouvé dans ce pauvre Sergeon (Sergeon, comme on l'appelait autrefois au Baby) ; l'égoïsme a de ces féroces oublis volontaires; mais, après le carnaval, un remords me prit, une curiosité aussi, à la suite d'une conversation au cercle où je ne sais plus qui, le petit de Royaumont, je crois, avait jeté en l'air ce surnom de Sergeon. « Vous savez qu'il est très mal, avait-il dit entre deux parties, il en est aux hallucinations maintenant ; il paraît que de l'autre côté de la rue on l'entend hurler la nuit, et le pis est qu'il ne veut auprès de lui personne. Il couche seul dans ce repaire et Dieu sait ce qui doit s'y passer, s'il est vrai que les mauvaises actions créent des larves qui corrompent l'atmosphère ! Car il s'en commit du temps du gras Lestorg dans la chambre à coucher vert d'eau d'Allitof ; mais aussi, aller se loger dans une pareille bicoque, on n'a pas idée de ça, non plus ! Avez-vous jamais remarqué le marchand de vin d'en bas avec sa devanture et ses fenêtres grillées peintes en rouge sang de bœuf ? L'autre soir, après le dîner chez le général de C..., nous n'avions d'yeux que pour cette étonnante façade. Il y a juste un reverbère à l'angle et, sous la pluie, cette petite place déserte avec ce grand mur de jardin dans le fond et cette lueur falote, non ! c'était d'un sinistre, cette maison comme éclaboussée de sang, un échaudoir ou un coupe-gorge ! Juste au-dessus du trait rouge, les cinq fenêtres de Sergeon flamboyaient, éclairées derrière les rideaux sans persiennes ; elles se sont éteintes une à une de dix heures et demie à une heure après minuit ; nous les guettions, nous, de chez le général et, vrai, ça nous impressionnait un peu comme dans un conte, un conte d'Edgard Poë. Quand nous sommes partis, il y avait encore de la lumière chez lui. Qu'est-ce qu'il peut bien faire ainsi toutes ses soirées d'hiver dans ces trois grandes pièces ? Il paraît qu'il parle et qu'il parle et s'exalte durant des heures ; bref, on en aurait le cauchemar. Qui est-ce qui aurait jamais cru cela d'un garçon si gentil ? »

Et dans la bouche gouailleuse du petit de Royau-

mont l'histoire sonnait si terriblement l'oraison funèbre, que je me sentais vaguement criminel envers ce pauvre Sergeon ; il y avait eu certes abandon de ma part et, si exagérés que fussent les racontars, le petit de Royaumont s'en serait-il fait l'écho, si moi, l'ami de ce pauvre Allitof, je lui avais donné deux ou trois de mes soirées et si j'avais été égayer de ma présence sa solitude maladive.

Pas plus tard que le surlendemain, ayant dîné dans le quartier, je montais le soir chez le pauvre garçon ; il avait plu toute la journée et, vers les huit heures, un vent s'était levé qui soufflait en bourrasque, et c'était par grains qu'éclatait maintenant l'averse, par véritables trombes d'eau qui crépitaient sur le pavé des rues et gonflaient les ruisseaux à l'angle des trottoirs ; personne dehors, et, quoiqu'il ne fût guère plus de neuf heures et demie, cette partie du faubourg Saint-Germain était ce soir-là si lugubrement déserte qu'en arrivant sur cette petite place sinistre avec, au fond, la perspective de ce parc dépouillé bruissant sous la rafale, et tout à l'entour ses hautes maisons noires, je ne pus me défendre d'une sensation de malaise et, c'est le cœur serré par je ne sais quel pressentiment, que je m'engageais dans le couloir et l'escalier humides de cette maison effectivement affreuse.

A peine éclairé d'ailleurs par une méchante

lampe à pétrole pendue à la muraille, il évoquait, cet escalier, comme une idée de guet-apens ; un bruit de grosses voix montant de chez le marchand de vin à travers la cloison et comme une odeur de moisi fermentant dans sa cage aggravaient encore l'impression horrible ; dehors, la pluie battait, faisant dégorger les gouttières et les plombs avec d'ignobles glouglous sur le pavé d'une infâme petite cour intérieure et partout des murs suintait une espèce d'humidité fade..., c'était en effet une affreuse maison.

II

Allitof vint m'ouvrir lui-même. Dire que l'opération eut lieu sans difficulté, non. Il était verrouillé, cadenassé et clos comme dans une forteresse, et la porte en épais cœur de chêne avec, à hauteur d'homme, un étroit judas grillagé, ne s'entrebâilla qu'après un prudent : *qui est là*, et tout un remuement, à l'intérieur, de ferraille et de verrous. Etant donné l'aspect de la demeure et la louche impression de l'escalier, cet excès de précautions ne m'étonnait qu'à demi : je trouvais d'ailleurs mon Serge bien moins étrange et bien moins changé que les propos tenus ne me l'avaient fait craindre ; ma visite l'avait mis en joie, comme tout ranimé et quoique encore extraordinairement pâle, il me parut moins maigre en son flottant costume d'homespun que dans les plis tombants de sa pelisse de renard. Je l'avais surpris en plein travail et, tout heureux de se voir déranger, il causait maintenant gaîment, un peu fébrile peut-être, assis vis-à-vis de moi sur une large chaise en petit point, de l'autre côté de la cheminée. Un feu de hêtre y flambait, faisant danser de grandes ombres folles au plafond tendu d'étoffe, et deux hautes lampes-phares posées au hasard des meubles mettaient une sécurité lumineuse, un intime bien-être dans cette vaste pièce calme et tiède, aux rideaux de fenêtre hermétiquement clos ; des fleurs de Nice se fanaient dans un vase et, bien qu'il flottât dans tout l'appartement une persistante odeur d'éther, rien n'y sentait l'halluciné.

Serge m'avait reçu dans sa chambre, plus chaude en effet que son cabinet, et sur la courte-pointe toute brodée de vieilles soies, une débandade de livres déposés là d'avance indiquait le projet de poursuivre au lit son travail.

« Toute une étude sur la sorcellerie au moyen âge, sur l'envoûtement surtout, car Michelet n'a pas tout dit, faisait-il en prenant sur son bureau un exemplaire de *La Sorcière*, et pourtant quel chef-d'œuvre ! Si je te disais combien depuis trois mois j'ai déchiffré de volumes et jusqu'à de véritables grimoires, et du latin d'alchimiste et de moine, et du grec gothique à demi barbare et jusqu'à de l'hébreu.

— Tu sais donc l'hébreu, maintenant ?

— Non, pas tout à fait, mais j'ai un rabbin dans mes amis. » Et comme je faisais la grimace. « Et puis, tu sais, la science n'a ni religion, ni patrie, je verrais des sorciers, comme Huysmans, s'il le fallait. Car, vois-tu, cet art de la nécromancie tant calomnié à travers les siècles et tombé si bas aujourd'hui, c'est la science des sciences, la suprême sagesse, la suprême puissance aussi. — Et l'on te donne beaucoup d'argent pour ça ? » lui demandai-je. — Beaucoup ! oui et non ; dans les douze mille, mais ce n'est qu'un ouvrage de critique, je te jure que maintenant que je sais, je l'entreprendrais pour rien, ce volume, pour le plaisir. Ce que ça me passionne. » Et avec une exaltation de maniaque dont on flatte la manie, il s'embarquait dans d'invraisemblables histoires de sortilèges et de possessions. Il avait mis devant le feu une bouilloire d'argent où mijotait un punch de sa façon, dont, goguenardait-il, je lui donnerais des nouvelles, une recette du quinzième siècle retrouvée dans ses bouquins. Dehors la pluie tombait à verse, à nos pieds la bouilloire commençait à chanter, et, envahi par le bien-être, j'écoutais comme dans une espèce de rêve les moyennâgeuses divagations d'Allitof, et nous en étions, je crois, à un récit de mandragore, ingénieux et joli comme un vrai conte de fée, quand Serge s'arrêtait tout à coup de parler et, devenu en même temps d'une pâleur de linge, il se levait de sa chaise comme mu par un ressort. « Entends-tu ? » et sa voix horriblement changée était celle d'un autre, « on marche, on a marché, ils marchent dans l'épaisseur du mur. »

J'écoutais : en effet, un bruit de pas montait, très perceptible jusqu'à l'appartement, mais il venait du dehors, on marchait sous les fenêtres. Allitof était toujours debout, le cou tendu, en proie à une affreuse anxiété : « Tu entends ? » et c'était plus un frémissement des lèvres que des paroles balbutiées. « Certes oui, j'entends, mais te voilà dans un bel état pour un passant qui traverse la rue ; ces murailles sont étrangement sonores et voilà tout ».

Je m'étais levé à mon tour, les pas s'étaient d'ailleurs éloignés, puis perdus dans la nuit. « Un passant dans la rue, ah ! tu crois cela, toi ! » Et Serge avait un équivoque sourire. Je m'étais approché d'une fenêtre et, écartant les rideaux, je plongeais maintenant sur la petite place : la pluie avait fait trêve, et deux gardiens de la paix encapuchonnés jusqu'aux yeux en arpentaient le trottoir « Tiens, viens voir, les voilà, tes pas ! » Et quand Serge, le visage encore tout bouleversé, eut regardé comme moi, le même étrange sourire reparut sur ses lèvres : « Ah ! tu crois que ce sont eux, tu vois bien pourtant qu'on ne les entend pas. » Et en effet la promenade silencieuse des deux hommes ne faisait aucun bruit, on ne les entendait pas.

Nous revenions près du feu, mais l'entretien ne pouvait plus reprendre, il y avait entre nous une défiance, un malaise, de l'inexpliqué qui nous mettait l'un contre l'autre en garde, et après quelques minutes de silence : « Mais il doit se faire tard, et je demeure au diable, songe donc, à Passy; où as-tu mis mon pardessus ? » Et je me levais pour partir.

« Tu t'en vas ? » Allitof avait crié ces mots avec une telle angoisse que j'en restais immobile de stupeur. « Sans doute, tu n'as pas pensé que je coucherais ici. — C'est vrai. » Il avait baissé la tête. « Alors tu vas t'en retourner si loin par ce temps. Ton quartier est-il sûr au moins ? — Mais il y a des voitures, tu ne me vois pas rentrer sous cette pluie. — Une voiture à cette heure-ci, il y a longtemps qu'il n'y en a plus à la station, tu sais qu'il est près d'une heure. » — Minuit et demi, fais-je en consultant ma montre, eh bien, je traverserai le pont, place de la Concorde on est toujours sûr d'en rencontrer ; d'ailleurs il ne pleut plus. » Alors lui, d'un ton résigné : « Oui, il ne pleut plus, mais tu prendras bien un verre de punch avant de partir. — Certes. » Et il se mit à verser le liquide brûlant dans deux gobelets de

Kirby. Nous gardions tous deux le silence, un silence gêné dans lequel j'entendais mieux la poitrine d'Allitof haleter, sa respiration était devenue sifflante et une vague oppression commençait à me peser. « Il ne pleut plus, écoute ! » disait soudain Serge ; contre les vitres c'était maintenant des paquets de pluie lancés par le vent, c'était par seaux que semblait tomber l'ondée. « Tu ne peux pourtant pas t'en aller par ce temps. » Et comme j'avais un mouvement d'impatience : « Ecoute, je ne suis pas bien, ce soir ; c'est un vrai service et bien plus grand que tu ne le crois, que tu me rendrais en restant coucher ici. — Sur ce fauteuil, ricanai-je. — Non, j'ai trois matelas à mon lit, j'en retirerai deux et je t'installerai là par terre, devant le feu, tu seras très bien. Je t'en supplie, ne me laisse pas seul ici cette nuit, je ne pourrais pas fermer l'œil. Te savoir dehors sous cette pluie ! Et puis ce n'est pas ça, il se passe dans cette maison des choses si extraordinaires, je sens que, toi auprès de moi, je vais pouvoir enfin dormir, et il y a si longtemps que je n'ai dormi ! »

Il avait joint les mains dans une instinctive attitude de prière, et sa voix était celle d'un enfant. Ce grand et robuste garçon que j'avais connu six mois avant si bon vivant et si rieur, j'en eus pitié, et puis je me sentais entré dans du mystère, dans quelque chose d'innomé qui m'intriguait et dont je voulais résoudre le problème ; j'acceptai.

La nuit fut en effet assez bizarre et la maison était, en vérité, singulière. Vers les trois heures et demie, Serge, qui jusqu'alors m'avait laissé dormir, m'éveillait en sursaut avec son inévitable : « Entends-tu ? on frappe, ils sont à la porte. » La peur serait-elle contagieuse et l'hallucination se développerait-elle dans certains milieux ? Effectivement on frappait à la porte de l'antichambre, et de ma couche improvisée j'entendais parfaitement retentir les coups. « Attends, je vais y aller. » Mais Allitof, d'une voix étranglée : « N'y va pas, ne réponds pas, n'allume pas, ils finiront bien par partir. » Au fond de l'appartement, la porte gémissait toujours, sourdement ébranlée. « Mais pourquoi ne sonnent-ils pas ? » demandais-je à Serge, glissé debout en chemise au pied de son lit. Le bruit avait enfin cessé, des pas s'éloignaient, descendaient l'escalier et j'entendais refermer en bas la porte d'entrée. « Ils s'en vont, ils sont partis », murmurait Serge dans un soupir ; il s'était recouché, assoupi.

Vers les cinq heures, en pleine obscurité, j'étais réveillé de nouveau par une vive lumière : c'était Allitof qui, assis sur son lit écoutait encore aux aguets, le cou tendu à la clarté des trois bougies d'un flambeau ; les yeux extraordinairement fixes dans une face affreusement décomposée, il semblait épier, redouter et attendre je ne sais quels effroyables visiteurs : de sa main droite il tourmentait un revolver et de l'autre chiffonnait le col ouvert de sa chemise, où ses ongles crispés avaient mis çà et là des gouttelettes de sang ; tout à coup son regard rencontrait le mien, il soufflait brusquement les lumières et je l'entendais s'enfoncer sous ses draps en grommelant.

« Ta maison est vraiment par trop mal habitée, ce sont des allées et venues toute la nuit, et l'on n'y peut dormir en effet, lui disais-je le lendemain matin en le quittant vers neuf heures, qu'est-ce que ces locataires qui traînent dans les escaliers à trois heures du matin ? Tu ne devrais pas rester ici ! » Serge me serrait la main en silence sans même un remerciement.

A quelque temps de là, je le rencontrais sur le boulevard : les yeux moins brillants et les joues moins pâles, il venait m'aborder : « Tu sais que je l'ai quitté, l'affreux appartement où l'on ne pouvait dormir. Il est à louer, et moi je suis ici ». Et il me montrait le Grand-Hôtel. — « Oh ! tant mieux, mes félicitations, cher ; et ce bouquin sur la sorcellerie, nous y travaillons toujours ? — Plus que jamais, disait-il avec une subite animation du regard ; ce que ça me passionne ! — Et les nuits sont bonnes ? — Mais oui, mais oui, je dors presque maintenant ».

Trois jours après, Serge entrait chez moi, cette fois les mains agitées, les traits bouleversés, le teint verdâtre. « Tu sais que je pars ! impossible de dormir dans cet hôtel du diable, il y a une odeur de corruption dans les chambres à faire vomir ; on a dû certainement tuer quelqu'un dans celle que j'habitais. — Comment, tu n'es plus là ? — Non, j'ai donné congé ce matin et je pars. — Tu pars ? — Ce soir même pour Marseille, et de là pour Tunis, où je trouverai des renseignements précieux pour l'achèvement de mon livre. — Ce fameux livre qui te tourne la tête, car tu ne me feras jamais croire que dans un hôtel tenu comme celui que tu quittes... — Ah ! tu crois cela, on trouvait encore hier un fœtus dans le seau de toilette d'une dame partie la veille, un fœtus venu avant terme, comme ceux dont se servaient les sorcières d'Arras pour aller au Sabbat, et partout, partout sous les lits, dans les armoires, il y a, je te le dis, des cadavres. Adieu, j'ai voulu te dire adieu, mais je pars. Ici je deviendrais fou. »

Le pauvre garçon l'était déjà. Je restais trois mois sans aucune nouvelle ; c'est le général de C..., son ancien voisin, qui devait m'en donner. « Ce pauvre Allitof, ah ! oui, votre ami, l'homme aux livres magiques ; son oncle a dû intervenir, on lui a fait quitter Paris, il habite maintenant Alger, il y est fixé, je crois, et va très bien comme vous et moi. — Et son appartement ? — Le fameux appartement où l'on marche dans les murs... il est loué depuis quinze jours avec les meubles et les tentures. En voilà un appartement qui en aura vu de drôles, depuis les petites femmes du gros Lestorg jusqu'aux cauchemars de votre ami! Ce sont ses livres qui l'affolaient, vous savez. — Oui, peut-être, mais je n'aurais pas aimé, moi, à habiter là-dedans. —En effet, il y avait de la vue, mais quelle affreuse maison ! »

Affreuse maison, dont Allitof lui-même devait me donner le mot de la fin, un Allitof retour d'Alger, engraissé, bruni, le sourire aux lèvres, avec les yeux calmes et presque enfantins, un Serge méconnaissable qui me frappait sur l'épaule à la sortie du Nouveau Cirque et, tout en m'emmenant souper chez Durand :

« Hein, changé, l'ami Serge. Je suis guéri et bien guéri, va. Plus d'ensorcellement et je n'entends plus rien dans le mur. Ce maudit appartement m'avait envoûté, parole! il était temps que je parte, le soleil de là-bas est un si grand médecin. Mais, à propos, ce fameux appartement où je ne pouvais dormir, tu sais qu'il porte malheur ; mon successeur s'y est suicidé il n'y a pas un mois, un brave chef de bureau du ministère de l'intérieur, qui au bout de six semaines de séjour s'est mis à y hurler la nuit et à y entendre et à y voir ce qui me tourmentait moi-même; bref il s'est tué. Je suis revenu pour liquider mes meubles, car je ne veux rien chez moi de ce qui a été là-dedans et je repars. —

Toujours pour Alger? — Naturellement, que veux-tu que je fasse ici par un pareil temps? Avais-tu assez raison, vieux! quand tu disais que c'était une affreuse maison! »

UNE NUIT TROUBLE

. . . .

« La somme de mystère et d'effroi flottant dans l'impalpable et l'invisible, les affinités de certains éléments fantômes, comme le vent par exemple, avec certaines formes d'animaux tenant du rêve et du cauchemar, l'aspect sorcier de certains paysages entrevus à des heures troubles et le caractère équivoque de quelques créatures, certains oiseaux entr'autres, véritables ébauches de gnomes et de monstres échappés d'une tentation de Callot ou d'une scène de bohémiens de Goya, personne n'en a mieux exprimé le frissonnement et l'angoisse maladive que ce madré poète paysan dans son livre la *Nature* », et de Jacquels d'un geste indifférent désignait, traînant là grand ouvert sur la table, le dernier volume de Maurice Rollinat.

« Avez-vous lu sa nuit d'orage ? sa nuit d'orage passée dans l'atmosphère lourde et vénéneuse d'une chambre de campagne hantée de vieux portraits, de vieux portraits hostiles aux clairs regards fixes, aux minces sourires froids et ses obsessions morbides de misérable, dont le raisonnement sombre et que le surnaturel va ensorceler.

Là-bas devant vos yeux hallucinés par l'ombre
Dans la haute fenêtre, où chuchote le vent,
Une forme s'ébauche inerte et se mouvant
. . . .
Ayant sûrement vu quelque monstrueux drame,
Mainte agonie et maint ensevelissement
Les murs — vous semble-il — vivent en ce moment
Des rampements de spectre et des frôlements d'âme.

Des rampements de spectre et des frôlements d'âme! Eh bien! cette nuit de fièvre et d'épouvante, moi, qui ne suis ni superstitieux ni nerveux, je l'ai vécue dans des circonstances si étranges qu'il faut, ma foi, que je vous la raconte. Les vers de ce diable de Rollinat m'en ont singulièrement rajeuni l'impression, et puis, comme vous êtes tous aujourd'hui plus ou moins collaborateurs dans les feuilles, n'est-ce pas une aubaine qu'un récit de cette sorte. »

— « Hé, gare à la neuvième, » objectait le petit André Frary en train de se confectionner un soda.

— La neuvième! je défie bien tous les Cabat du monde de trouver cette fois dans ma prose un *iota*... C'était, il y a quatre ans, à cette époque de l'année, je m'étais rendu à l'invitation d'un ami de province marié depuis peu et qui offrait en l'honneur de sa jeune femme un grand bal costumé à la société de sa ville. J'étais descendu chez lui, appelé à l'aider de mes lumières dans l'organisation de la fête et, arrivé l'avant-veille du fameux jour en plein tohu-bohu des derniers préparatifs et d'une maison presque entièrement déménagée, j'avais été relégué je ne sais où, tout à l'extrémité du logis, dans une aile ordinairement inhabitée.

Mon ami et sa jeune femme s'en étaient excusés, au désespoir de me loger si loin, mais les autres pièces étaient encombrées par le mobilier, puis trois nuits étaient vite passées et j'avais d'ailleurs la plus belle vue sur la campagne et les bois environnants.

Mon ami habitait aux portes de la ville ; et le corps de logis où on m'avait confiné, bâti à cheval sur le mur de clôture, dominait, en effet, un chemin de traverse et le plus vaste horizon de vallées et de forêts qu'on eût pu souhaiter, mais d'une solitude et d'une tristesse sous ce ciel jaune et bas d'hiver!

Superbe, en effet, le paysage ! mais d'une détresse à vous noyer l'âme de spleen. Entrevu par les vitres claires des deux hautes fenêtres à grands rideaux blancs, c'était à boucler sa valise et à reprendre le train le soir même ; carrelée, d'ailleurs, avec son étroite cheminée de marbre blanc et ses meubles Empire, la chambre était froide et sèche comme un parloir de couvent, elle exhalait de tous les coins une indéfinissable odeur d'ambre vieux et de poires mûres; mon Dieu, qu'étais-je venu faire là! Il aurait fallu des troncs d'arbres entiers pour échauffer une pareille chambre, et je dois avouer que, dans le désarroi de leur maison au pillage, mes hôtes avaient complètement oublié d'y faire allumer du feu.

Ils y songeaient d'ailleurs, mais un peu tard, à la fin du dîner, à l'annonce faite par un des domestiques qu'il neigeait à gros flocons et que tout dehors était déjà blanc. « Ah mon Dieu! et mon bal, soupirait la jeune femme, nous n'aurons personne s'il fait ce temps-là! — Et la chambre d'Edouard, s'écriait tout à coup mon ami, tu vas geler, pauvre vieux, on n'a même pas songé à faire de feu dans sa chambre, c'est ridicule cela, vois-tu! Ce bal nous fait perdre la tête, vite du feu dans la chambre de Monsieur. » A quoi le domestique interpellé observait avec raison que jamais feu de bois allumé à pareille heure n'échaufferait semblable chambre et qu'il serait plus simple d'y installer un des chouberski, car il y en avait des chouberski dans cette maison, cinq ou six au moins dans les salons du rez-de-chaussée, et en grande marche, en prévision de la fameuse soirée.

On traînait donc un des chouberski dans ma chambre avec expresse recommandation de l'enlever au moment où je monterais coucher.

A dix heures, j'avais pris congé de mes hôtes, et, reconduit par un domestique, un bougeoir à la main, par les interminables corridors d'une maison déserte, j'étais solidement verrouillé dans ma glacière... glacière, non, j'exagère; grâce au chouberski maintenant enlevé, la température était fort supportable, mais dehors la tourmente de neige faisait rage, et comme une démence de bruits confus et de gémissements tournoyait autour de mon corps de logis, dans le livide assombrissement du paysage.

Du moins je le supposais tel, car je n'avais garde d'aller m'attrister l'esprit par le lugubre aspect de la campagne, et, dévêtu en un clin d'œil, je me mettais prestement au lit en soupirant : « Si je pouvais au moins m'endormir ! »

Et je m'endormais en effet et du sommeil du juste, quand vers les deux heures du matin un bruit inusité m'éveillait. Dehors le vent s'était calmé; las de siffler et de gémir, il dormait enfin autour de la maison muette, et dans le silence inquiet de la chambre le bruit continuait à se faire entendre, saccadé et mou comme celui d'un corps qui se heurterait aux parois d'une cloison. Singulièrement ému, je prêtais l'oreille; le bruit qui s'était tu un moment reprenait, il partait de la cheminée, le rideau de tôle en était baissé. C'était maintenant, mêlé de sourds glapissements, comme un large effarement d'ailes; quelque oiseau de passage sans doute balayé par la tempête et tombé dans cette cheminée, où il se débattait misérablement.

D'un bond j'étais debout, et d'un autre bond

à genoux devant la cheminée, mon bougeoir allumé à la main, je relevais le tablier.

Dans un brusque déploiement d'ailes un être accroupi dans l'ombre se redressait tout à coup et reculait en ouvrant démesurément un hideux bec à goître, un bec membraneux de chimérique cormoran; à mon tour je reculais. Quelle était cette bête? A quelle race appartenait-elle ? Hideuse et fantômatique avec son ventre énorme et comme bouffi de graisse, elle sautelait maintenant dans le foyer, piétinant çà et là sur de longues cuisses grêles et grenues aux pattes palmées, comme celles d'un canard, et, avec des cris d'enfant peureux, elle se rencognait dans les angles, où ses grandes ailes de chauve-souris s'entrechoquaient avec un bruit de choses flasques.

Effrayée et menaçante, elle dardait affreusement un œil rond de vautour, et, dans un recul de tout son corps, tendait vers moi le tranchant de son bec effilé comme un poignard; elle tenait à la fois du gnome et de la stryge, de l'engoulevent et du nain; et, ignoblement obscène avec son ventre offert et ses longues cuisses nues, elle sentait le marécage et la ruine, la feuille morte et le sabbat. Je la contemplais terrifié; soudain une rage me prenait, et m'emparant des pincettes, je fondais sur le monstre, le lardant de coups au flanc et au ventre, essayant d'étrangler ce long cou de vautour, de trouer cette chair blême d'oiseau fantôme, exaspéré, devenu ivre, fou ; et la bête sautelait avec des cris pareils à des râles, essayait de se défendre du tranchant de son bec, de ses pattes palmées, tout a coup griffues, debout de toute sa hauteur dans l'envergure déployée de ses ailes. Elle finissait pourtant par s'effondrer sur elle-même en un amas confus de cha[illegible] et de vertèbres, où mes coups de pincettes entrait comme dans du mou ; mon cœur défaillait à chaque coup porté dans ses flancs et, quand elle se fut accroupie dans son coin en claquant misérablement du bec, la membrane hideuse qui lui servait de paupière retombée sur son œil terne, j'étais moi-même à bout de force et, rabattant vivement le tablier sur la bête inerte, je laissais tomber les pincettes sanglantes et n'avais que le temps de courir à mon nécessaire pour y prendre mon flacon d'éther. Une goutte, deux gouttes et, la poitrine dégagée, le cœur libre, je me remettais au lit et m'endormais comme un enfant.

Un clapotement de bec, un bavardage sournois de vieille femme, me réveillait au bout de combien d'instants ? L'hallucination continuait, la cheminée était pourtant bien muette ; non, le bruit venait de la croisée maintenant, je me retournais sur mon lit et, dans l'encadrement d'une des hautes fenêtres (comment le domestique avait-il négligé d'en fermer les persiennes et les rideaux ?) qu'apercevais-je ? Se détachant en noir sur le ciel brumeux d'hiver, sur la campagne blanche de neige et de lune... deux oiseaux monstrueux à bec de cormoran, à ventres flasques et renflés de vampires, deux êtres de cauchemar pareils à la bête morte dans la cheminée, qui, perchés sur le rebord d'extérieur de la fenêtre, cliquetaient de leurs longs becs et, rengorgeant leur goître, me regardaient sournoisement.

Dans l'attitude à la fois hiératique et comique des gargouilles sculptées qui montent leur garde éternelle aux balustres des cathédrales, les deux monstres ailés s'entretenaient de moi évidemment, ruminaient quelque projet de vengeance et s'aiguisaient le bec aux angles de la pierre avec des ricanements bizarres et des petits clignements d'yeux menaçants.

Enervé de ce colloque, voulant mettre fin à cette vision, je me relevais et, courant à la fenêtre, je cognais aux carreaux pour effrayer les étranges visiteurs et les faire envoler; peine perdue, les deux monstres, dardant sur moi leur œil à paupière membraneuse, continuaient à gouailler, immobiles et, parfois allongeant leur cou, piquaient les vitres de leur bec.

Décidément le cauchemar se prolongeait trop ; une sueur froide me perlait au visage, je me sentais envahi par le froid de la petite mort, et, prêt à tout pour en finir, je me précipitais de nouveau hors de mon lit et me baissais pour ramasser les pincettes, quand, en cherchant à tâtons sur le plancher, ma main s'abattait sur quelque chose d'humide et de mou qui vivait, sur un frôlement de vampire, un rampement de spectre qui m'assénait un formidable coup de bec et, du tranchant de sa corne. me détachait presque le pouce de la main.

La bête que je croyais morte au fond de la cheminée n'était qu'étourdie ; elle en avait soulevé, comment? le tablier de tôle et, se traînant par la chambre vers ses deux compagnes entrevues, s'était, à moitié mourante, trouvée à ma portée et venait de se venger en me mutilant.

Et les deux autres en dehors, dans le froid et la neige, dont j'entendais bruire les ricanements sinistres ! A cet instant, je l'avoue, la douleur ressentie dans ma chair et l'épouvante vrillée en moi furent si fortes que je trébuchais sur le carrelage et je m'évanouis. »

— Et le lendemain ? interrogeait en cœur l'assistance. « Le lendemain, je m'éveillais couché dans mon lit avec une fièvre de cheval et mes amis à mon chevet, les rideaux étaient tirés, les persiennes bien closes ; dans la cheminée, dont je voulus visiter le foyer, pas plus de trace d'oiseau que sur ma main, je dis que sur ma main, non, car j'avais entre le pouce et l'index une longue estafilade, et, au beau milieu de la chambre en désordre aux meubles renversés, la paire de pincettes gisait, ses deux branches rouges de sang coagulé et de chair en bouillie, pantelante.

J'avais rêvé et pourtant je n'avais pas tout à fait rêvé; je quittais mon jeune ménage le jour même sans vouloir rien entendre, je n'avais cure de demeurer plus longtemps dans une ville hantée de pareils oiseaux de nuit; ma blessure à la main fut fort longue à guérir et encore consultai-je un peu plus que la Faculté pour en venir à bout, et sur cette épouvantable nuit plane toujours un mystère dont l'énigme est encore à déchiffrer, à moins que vous ne le trouviez dans cette fin de lettre... une lettre de l'ami de là-bas que j'ai reçue, avant-hier, » — et de Jacquels lisait tout haut : « Nous avons bien ri, ma femme et moi, d'une étrange découverte faite ce matin par les ramoneurs. Les fumistes sont venus nettoyer la cheminée de la fameuse chambre au cauchemar que tu as habitée une nuit, qu'ont-ils trouvé tout à fait dans le haut, à deux mètres du chapiteau ? Trois squelettes de petites chouettes tassées les unes contre les autres, trois squelettes bijoux, blancs comme de l'ivoire et que nous tenons à ta disposition, puisque, c'est toi leur meurtrier. Nul doute qu'elles n'aient été asphyxiées par le chouberski de ta chambre, la nuit où tu y as couché. » — « Et voilà, concluait de Jacquels, y aurait-il des âmes de chouettes ? »

RÉCLAMATION POSTHUME

Pour Oscar Wilde.

Pendue auprès du lit, la tête aux lèvres peintes,
Calme et blême, égouttait ses lourds caillots de sang
Au-dessus d'un bassin de cuivre éblouissant
Et gorgé jusqu'aux bords de lys et de jacinthes.

Ces longs yeux vert de mer aux prunelles éteintes,
Ces cheveux d'un blond roux, nimbe d'or flavescent,
Tout jusqu'aux rudes jets de pourpre éclaboussant
Ce cou martyrisé, gonflé de sourdes plaintes,

Lui qui les avait peints, grisé d'un fauve espoir,
Quand il eut fait sécher le tout au feu de l'âtre,
Il baisa longuement cette bouche rosâtre,

Pendit la tête au mur et, s'habillant de noir,
Lui fit de sa douleur d'homme un morne encensoir,
Artiste épris vivant d'un moulage de plâtre.

« Et qu'est-ce que cette tête que vous avez-là, un moulage ou une cire peinte? Très réussi comme horreur et d'une jolie perversion de goût, ce chef de décollée au-dessus de ce cuivre rempli de muguets et de jacinthes! On dirait un primitif... quelque sainte

Cécile... est-ce ancien seulement? » Et de Romer, se haussant sur la pointe du pied, approchait ses yeux myopes de la tapisserie et détaillait en curieux prodigieusement intéressé, le plâtre colorié pendu au mur de mon cabinet de travail.

Et quand je lui eus avoué que le primitif, qu'il admirait si sincèrement, était un simple surmoulage du Louvre décapité pour la circonstance, une fantaisie qui m'était venue de posséder, sanglante et martyrisée, la fameuse *Femme inconnue* de Donatello, que la décollation de ce buste était de mon invention et que c'était moi qui en avais donné l'ordre et la commande au mouleur avec aggravation de grumelots de sang; quand enfin je lui eus appris, un peu confus, tel un enfant pris en faute, que le barbare coloriage de ce plâtre, le vert glauque des aveugles prunelles, le rose fané des lèvres, les touches d'or des cheveux jusqu'à la pourpre humide des caillots étaient mon œuvre de peintre ou plutôt l'emploi maladroit d'une journée de paresse passée à m'essayer à de vains tâtonnements : « Pas si maladroit que cela, mâchonnait de Romer, cette fois si rapproché du moulage de plâtre que sa joue en frôlait presque les caillots sanguinolents; pas si maladroit que cela... au contraire. L'exécution en est naïve, mais d'une rare vérité de sentiments... de sensation, je veux dire, ou plutôt d'intuition, car vous n'avez jamais vu de tête de femme guillotinée, que je sache ». Et comme je balbutiais, un peu gêné : « Evidemment non ! » de Romer se tournait vers moi, tout à coup très grave et, me plongeant ses yeux clairs dans les yeux : « Ah çà, vous avez donc toutes les perversités et toutes les audaces? voilà que vous mutilez les chefs-d'œuvre maintenant ! »

Et comme je demeurais coi, stupéfait de cette attaque : « Vous avez tout bonnement commis envers Donatello un crime de lèse-pensée et une profanation. C'est son rêve que vous avez décapité en faisant de son buste une tête de martyre ; la *Femme inconnue*, dont vous avez là le chef décollé et sanglant, a vécu, sinon dans la réalité, du moins dans le cerveau de l'artiste, et d'une vie bien supérieure à notre misérable existence humaine, puisque évoquée jadis par des yeux visionnaires depuis longtemps éteints, elle a traversé les révolutions et les siècles et que, dans l'ennui de nos mornes musées, sa forme nous obsède encore, nous autres modernes dénués du don de vision et de foi, et de son sourire de mystère et de son impérissable beauté.

— Alors, vous croyez? murmurai-je, émotionné malgré moi par le ton grave et précieux de Romer.

— Moi, je ne crois rien, sinon que vous êtes un bourreau. Quelle satanique idée vous a-t-il donc pris de mutiler ce buste? C'est une fantaisie tout à fait diabolique et vous ne paraissez pas du tout vous en douter. Cela ne vous a jamais empêché de dormir, n'est-pas? Ah! vous êtes un grand criminel et un criminel inconscient, l'espèce la plus dangereuse, et vous avez dormi depuis dans cette pièce, sinon dormi, travaillé tard le soir, veillé seul dans la nuit, et vous n'avez jamais eu de cauchemars, pas même d'inquiétudes? Eh bien! vous êtes heureusement organisé, je ne m'en serais pas tiré, moi, à si bon compte. » Et comme intrigué de tout ce mystère, j'insistais pour obtenir de plus amples explications: « Je n'ai rien à vous dire de plus, concluait de Romer, que mutiler un chef-d'œuvre est un véritable meurtre et que c'est là un jeu quelquefois dangereux. » Et, sans me vouloir renseigner davantage, de Romer me serrait la main et prenait congé.

Ce de Romer, un fou, un déséquilibré à l'imagination ardente, au bon sens depuis longtemps sombré dans les pratiques de l'occultisme; un de ces innombrables obsédés d'au-delà qui flottent abîmés dans la lecture d'Eliphas Lévy, entre le mysticisme terrorisé de Huysmans et les fumisteries du salon des Rose-Croix. J'étais bien bon d'accorder attention aux billevesées qui lui avaient passé par la tête à propos du moulage entrevu chez moi; à ce compte les ateliers de sculpteurs seraient peuplés de visionnaires et l'Ecole des beaux-arts une succursale de chez Charcot, tandis que tous les sculpteurs de ma connaissance se trouvaient être au contraire de joyeux vivants râblés et barbus aux idées et aux teints clairs, plus préoccupés de sensations que de songes. Histoire à dormir debout, que ces rêvasseries de Romer et qui ne m'empêcheraient pas, moi, de dormir.

Comment, à quelques jours de là, étant à travailler le soir dans la solitude et le silence de mon cabinet de travail, au coin du feu, les domestiques couchés et moi seul encore debout dans le recueillement de la maison, m'arrêtai-je tout à coup d'écrire et relevai-je instinctivement la tête avec l'angoissante sensation que je n'étais plus seul dans la vaste pièce assourdie de tentures et que quelqu'un, que je ne voyais pas, était là. Et cependant personne : autour de moi, le long des murs, les vagues personnages d'une vieille tapisserie vivant leur vie de laines et de soies effacées, la retombée des lourdes draperies des fenêtres hermétiquement closes, et çà et là, dans l'ombre, à la lueur intermittente du foyer, l'or d'un cadre ou l'étincellement d'un bibelot s'éveillant brusquement à l'angle d'un bahut ; il n'y avait personne, personne de visible et pourtant, dans le silence de cette maison morte et de ce quartier perdu, de cette banlieue ouatée de neige, ma plume ne grinçait plus sur le papier, ma respiration montait plus courte et plus sifflante, il y avait quelqu'un là, sinon dans cet appartement, alors derrière cette porte, et cette porte allait s'ouvrir sous la poussée d'un être ou d'une forme inconnue, une forme dont les horribles pas ne faisaient aucun bruit, mais dont je sentais épouvantablement s'affirmer la présence.

Tout valait mieux que cette angoisse, je préférais tout à ce doute et déjà j'esquissais le mouvement de me lever pour aller à cette porte, quand je retombai sur ma chaise, anéanti. Au ras d'une portière de soie vert turc, brodée d'argent, masquant une porte condamnée, je venais d'apercevoir, se détachant en clair sur le bleu du tapis, un pied nu : et ce pied vivait, brillanté aux orteils par la nacre des ongles, un peu rose au talon et d'un grain de peau si uni et si pâle qu'on eût dit un précieux objet d'art, un albâtre ou un jade posé sur le tapis. Oh! la cambrure de ce pied! la transparence de ses chairs! La soie verte de la portière le coupait juste au-dessus de la cheville, cheville si délicate qu'elle ne pouvait appartenir qu'à une femme. Je me levai, précipité malgré moi vers l'adorable apparition, le pied n'y était plus.

Avez-vous remarqué l'imperceptible parfum d'éther qui se dégage de la neige? La neige a sur moi presque les même effets que l'éther, elle me déséquilibre et me trouble; il y a des gens qu'elle rend même fous ; or il neigeait depuis trois jours ; j'attribuai ma vision à la neige.

D'ailleurs l'apparition ne se renouvelait pas, et, d'abord inquiet pendant quelques jours, je reprenais bientôt mes habitudes de veillées solitaires dans mon cabinet de travail. Mais, à quelques semaines de là, un soir où je m'étais attardé à corriger des notes très avant dans la nuit, je sursautai sur mon fauteuil, brusquement redressé par l'horrible certitude qu'encore une fois je n'étais plus seul, et que quelque chose d'inconnu vivait là, près de moi, entre ces tapisseries et ces murs; mes yeux allaient instinctivement à la portière de soie vert turc. Deux pieds nus, cette fois, féminins et charmants s'y cambraient sur le tapis; ils y crispaient leurs doigts comme agités d'une impatience fébrile et, au-dessus de leurs chevilles, la soie verte de la portière ondulait dans toute sa hauteur, se renflant et se bossuant à la place d'un ventre et de seins, dessinant tout un corps de femme debout derrière la draperie.

Je me levai à la fois sous le charme et l'épouvante: une puissance plus forte que ma volonté m'entraînait; les yeux dilatés de terreur et les mains en avant, je me précipitai vers ce corps deviné; je le pressentais jeune, souple, élastique et froid; il n'était déjà plus là, mes mains impatientes se refermaient sur le vide en éraflant leurs ongles aux broderie de la soie.

Il n'y avait pas de neige pourtant cette nuit-là.

De guerre lasse, j'en arrivai à suspecter ma portière de soie vert pâle et ses arabesques orfèvrées : je l'avais achetée à Tunis, dans un de ces bazars de là-bas, et tout était louche en elle, et sa provenance et ses broderies emblématiques en forme d'oiseaux et de fleurs, sa nuance même m'inquiétait. Je faisais enlever la portière; l'agencement de mon cabinet en souffrait, mais je recouvrais mon calme et reprenais le cours de mes travaux nocturnes, comme si rien ne s'était passé.

Précaution inutile car, il y a quelques jours, m'étant assoupi le soir après dîner, les pieds sur les chenets, dans la douce chaleur de la haute pièce amie, je m'éveillais tout à coup transi et le cœur fade dans l'obscurité, près d'un feu éteint.

Toute la pièce était plongée dans une nuit profonde, et comme une chape de plomb pesait sur mes épaules, me rivant au fauteuil où je venais de m'éveiller, et cela juste vis-à-vis le plâtre colorié de la *Femme inconnue*, et je vis, ô terreur! que la tête coupée brillait étrangement dans l'ombre. Les yeux fixes, elle baignait, nimbée d'or, dans un halo de clarté: une auréole l'irradiait, et ses yeux, ses terribles yeux dont j'avais moi-même enduit d'outre-mer les prunelles aveugles, dardaient deux regards, qui étaient deux rayons, sur la porte condamnée, désormais veuve de la portière que j'avais fait enlever.

Et dans l'embrasure de cette porte, voilà qu'un corps de femme s'érigeait, se dressait : un corps de femme toute nue, un corps bleuâtre et froid de femme décapitée, un cadavre de morte appuyé dans toute sa hauteur contre la porte elle-même, avec une plaie rouge entre les deux épaules et du sang en filets coulait du cou béant.

Et la tête de plâtre pendue à la muraille regardait le cadavre, et dans le cadre obscur de la porte maudite le corps décapité tressaillait longuement ; et sur le tapis sombre les deux pieds se tordaient, couvulsés dans une angoisse atroce ; à ce moment la tête darda sur moi son regard d'outre-tombe et je roulai brisé sur le tapis.

UN CRIME INCONNU

A Jules Bois.

« Préservez-nous, seigneur, de la chose effrayante qui se promène la nuit. »

LE ROI DAVID.

« Ce qui peut se passer dans une chambre d'hôtel meublé une nuit de mardi gras, non, cela dépasse tout ce que l'imagination peut inventer d'horrible ! » Et, s'étant versé de la chartreuse plein son verre à soda, d'un trait Serge Allitof vidait ce verre et commençait :

« C'était il y a deux ans, au plus fort de mes troubles nerveux : j'étais guéri de l'éther, mais non des phénomènes morbides qu'il engendre, troubles de l'ouïe, troubles de la vue, angoisses nocturnes et cauchemars : le sulfonal et le bromure avaient déjà eu raison de pas mal de ces troubles, mais les angoisses néanmoins persistaient. Elles persistaient surtout dans l'appartement que j'avais si longtemps habité avec elle, rue Saint-Guillaume, de l'autre côté de l'eau, et où sa présence semblait avoir imprégné les murailles et les tentures de je ne sais quel délétère envoûtement : partout ailleurs mon sommeil était régulier, mes nuits calmes, mais à peine avais-je franchi le seuil de cet appartement, que l'indéfinissable malaise des anciens jours corrompait autour de moi l'atmosphère ambiante; d'irraisonnées terreurs me glaçaient et m'étouffaient tour à tour : c'étaient des ombres bizarres se tassant hostilement dans les angles, d'équivoques plis dans les rideaux, et les portières tout à coup animées de je ne sais quelle vie effrayante et sans nom. La nuit, cela devenait abominable; une chose horrible et mystérieuse habitait avec moi dans cet appartement, une chose invisible, mais que je devinais accroupie dans l'ombre et me guettant, une chose ennemie dont je sentais parfois le souffle passer sur mon visage et presque à mes côtés l'innomable frôlement. C'était une sensation affreuse, Messieurs, et s'il me fallait revivre dans ce cauchemar, je crois que j'aimerais mieux... mais passons...

« Donc, j'en étais arrivé à ne plus pouvoir dormir dans mon appartement, à ne plus pouvoir même l'habiter et, en ayant encore pour une année de bail, j'avais pris le parti d'aller loger à l'hôtel ; je ne pouvais toutefois m'y tenir en place, quittant le Continental pour l'hôtel du Louvre et l'hôtel du Louvre pour d'autres plus infimes, dévoré d'une tracassante manie de locomotion, de changement.

« Comment, après huitjours passés au Terminus, dans tout le confort désirable, avais-je été amené à descendre dans ce médiocre hôtel de la rue d'Amsterdam, hôtel de Normandie, de Brest ou de Rouen, comme ils s'intitulent tous aux abords de la gare Saint-Lazare !

« Etait-ce le mouvement incessant des arrivées et des départs qui m'avait séduit, fixé là plutôt qu'ailleurs ?... Je ne saurais le dire... Ma chambre, une vaste chambre éclairée de deux fenêtres et située au second, donnait justement sur la cour d'arrivée de la place du Havre ; j'y étais installé depuis trois jours, depuis le samedi gras et m'y trouvais fort bien.

« C'était, je le répète, un hôtel de troisième ordre, mais de fort honnête apparence, hôtel de voyageurs et de provinciaux, moins dépaysés dans le voisinage de leur gare que dans le centre de la ville, un hôtel bourgeois d'un soir à l'autre vide et pourtant toujours plein.

« D'ailleurs peu m'importaient les visages rencontrés par l'escalier et les couloirs, c'était là le moindre de mes soucis ; et cependant en entrant ce soir-là vers les six heures dans le bureau de l'hôtel pour y prendre ma clef (je dînais en ville et rentrais m'habiller), je ne pouvais m'empêcher de regarder plus curieusement qu'il n'eût fallu les deux voyageurs qui s'y trouvaient.

« Ils venaient d'arriver, un nécessaire de voyage en cuir noir était posé à leurs pieds et, debout devant le bureau du gérant, ils discutaient le prix des chambres.

« — C'est pour une nuit, insistait le plus grand des deux qui paraissait aussi le plus âgé, nous repartons demain, la première chambre venue fera l'affaire. — A un lit ou à deux lits ? demandait le gérant. — Oh ! pour ce que nous dormirons, nous nous coucherons à peine, nous venons pour un bal costumé. — Donnez à deux lits, intervenait le plus jeune. — Bon ! Une chambre à deux lits, vous avez cela, Eugène ? » et le gérant interpellait un des garçons qui venait d'entrer, et, après quelques pourparlers : « Mettez ces messieurs au 13, au second, vous serez très bien là, la chambre est grande ; ces Messieurs montent ? » Et sur un signe que non des deux étrangers :

« — Ces Messieurs dînent ? nous avons la table d'hôte. — Non, nous dînons dehors, répondait le plus grand, nous rentrerons vers onze heures nous costumer, qu'on monte la valise. — Et du feu dans la chambre ? demandait le garçon. — Oui, du feu pour onze heures. » Ils avaient déjà les talons tournés.

« Je m'aperçus alors que j'étais resté là béant, mon bougeoir allumé à la main, à les examiner ; je rougissais comme un enfant pris en faute, et montais vite à ma chambre ; le garçon était en train de faire les lits de la chambre à côté, on avait donné le 13 aux nouveaux arrivés et j'occupais le 12, nos chambres étaient donc contiguës, cela ne laissait pas de m'intriguer.

« En redescendant par le bureau, je ne pouvais m'empêcher de demander au gérant quels étaient les voisins qu'il m'avait donnés. « Les deux hommes au nécessaire ? m'était-il répondu, ils ont rempli leurs bulletins, voyez ! » Et d'un coup d'œil rapide je lisais : Henri Desnoyels, trente-deux ans, et Edmond Chalegrin, vingt-six ans, résidence Versailles, et tous les deux bouchers.

« Bien élégants d'allures et de vêtements malgré leurs chapeaux melons et leurs pardessus de voyage, mes deux voisins de chambre, pour des garçons bouchers ; le plus grand surtout m'avait paru soigneusement ganté avec, dans toute sa personne, un certain air de hauteur et d'aristocratie. Il y avait d'ailleurs comme une certaine ressemblance entre eux : mêmes yeux bleus d'un bleu profond et presque noir, longs fendus et longs cillés, et mêmes longues moustaches roussâtre soulignant le profil heurté ; mais le plus grand, beaucoup plus pâle que l'autre, avec quelque chose de las et d'ennuyé.

« Au bout d'une heure, je n'y songeais déjà plus ; c'était soir de mardi gras et les rues braillaient pleines de masques ; je rentrais vers les minuit, montais dans ma chambre, et, déjà à moitié dévêtu, j'allais me mettre au lit quand un bruit de voix s'élevait dans la pièce à côté. C'étaient mes bouchers qui rentraient.

« Pourquoi la curiosité, qui m'avait déjà mordu dans le bureau de l'hôtel, me reprenait-elle irraisonnée, impérieuse? Malgré moi je prêtai l'oreille. « Alors tu ne veux pas te costumer, tu ne viens pas au bal! stridait la voix du plus grand, c'était bien la peine de nous déranger. Qu'est-ce que tu as? es-tu malade? » Et l'autre gardant le silence : » Tu es saoûl, tu as encore bu? » reprenait le plus âgé. Alors la voix de l'autre répondait empâtée et dolente : « C'est ta faute, pourquoi m'as-« tu laissé boire? je suis toujours malade quand je « bois de ce vin-là. — Allons, c'est bon, couche-« toi, brusquait la voix stridente, attrappe ta che-« mise. » J'entendis crier la serrure du nécessaire qu'on ouvrait. « Alors, toi, tu vas pas au bal? traînait « la voix de l'ivrogne. — Beau plaisir d'aller courir « seul les rues en costume! Moi aussi, je vais me « coucher. » Je l'entendais bourrer rageusement de coups de poing son matelas et son oreiller, puis c'étaient des chutes de vêtements à travers la chambre; les deux hommes se déshabillaient; j'écoutais haletant, venu pieds nus à côté de la porte de communication; la voix du plus grand reprenait dans le silence : « Et de si beaux costumes, si c'est « pas malheureux! » Et c'était un bruissement d'étoffes et de satins froissés.

« J'avais approché un œil du trou de la serrure;

ma bougie allumée m'empêchait de faire chambre noire et de distinguer quoi que ce fût dans la pièce voisine, je la soufflai : le lit du plus jeune se trouvait juste en face de ma porte ; tombé sur une chaise adossée au lit, il se tenait là sans mouvement, extraordinairement pâle et les yeux vagues, la tête glissée du dossier de la chaise et ballant sur l'oreiller ; son chapeau était à terre, et le gilet déboutonné, le col de sa chemise entr'ouvert, sans cravate, il avait l'air d'un asphyxié. L'autre, que je n'aperçus qu'après un effort, rôdait en caleçon et en chaussettes autour de la table encombrée d'étoffes claires et de satins pailletés. « Zut ! faut que « je l'essaie ! » éclatait-il sans se préoccuper de son compagnon et, se campant droit devant l'armoire à glace dans sa sveltesse élégante et musclée, il enfilait un long domino vert à camail de velours noir dont l'effet était à la fois si horrible et si bizarre que je dus retenir un cri, tant je fus émotionné.

« Je ne reconnaissais plus mon homme : comme grandi dans cette gaine de soie vert pâle qui l'amincissait encore, et le visage reculé derrière un masque métallique, sous ce capuchon de velours sombre ce n'était plus un être humain qui ondulait devant mes yeux, mais la chose horrible et sans nom, la chose d'épouvante, dont la présence invisible empoisonnait mes nuits de la rue Saint-Guillaume. Mon obsession avait pris forme et vivait dans la réalité.

« L'ivrogne, du coin de son lit, avait suivi la métamorphose d'un regard égaré ; un tremblement l'avait saisi et, les genoux entrechoqués de terreur, les dents serrées, il avait joint les mains d'un geste de prière et frissonnait de la tête aux pieds. La forme verte, spectrale et lente tournait, elle, en silence au milieu de la chambre, à la clarté des deux bougies allumées, et sous son masque je sentais ses deux yeux effroyablement attentifs ; elle finissait par aller se camper droit devant l'autre et, les bras croisés sur sa poitrine, elle échangeait avec lui sous le masque un indicible et complice regard ; et voilà que l'autre, comme pris de folie, s'écroulait sur sa chaise, se couchait à plat ventre sur le parquet et, cherchant à étreindre la robe entre ses bras, il roulait sa tête dans les plis, balbutiant d'inintelligibles paroles, l'écume aux dents et les yeux révulsés.

« Quel mystère pouvait-il exister entre ces deux hommes, quel irréparable passé venait d'évoquer aux yeux de cet ivrogne cette robe de spectre et ce masque glacé ? Oh ! cette pâleur et ces deux mains tendues se traînant en extase dans les plis déroulés d'une robe de larve ! oh ! cette scène du sabbat dans le décor banal de cette chambre d'hôtel ! Et, tandis qu'il râlait, lui, avec le trou noir d'un long cri étranglé dans sa bouche, la forme, elle, se dérobait, reculait sur elle-même, entraînant sur ses pas l'hypnose du malheureux vautré à ses pieds.

« Combien d'heures, de minutes durait cette scène? La Goule maintenant s'est arrêtée, elle a posé sa main sur le front et le cœur de l'homme évanoui, puis, le prenant entre ses bras, elle vient de le rasseoir près du lit sur la chaise : l'homme est là sans mouvement, bouche béante, les yeux clos, la tête renversée ! la forme verte est maintenant penchée sur le nécessaire. Qu'y cherche-t-elle avec cette ardeur fébrile, à la clarté d'un des bougeoirs. Elle a trouvé, car je ne la vois plus, mais je l'entends remuer des flacons au-dessus de la cuvette et une odeur bien connue, une odeur qui me prend au cerveau et me grise et m'énerve se répand dans la chambre, une odeur d'éther. La forme verte reparaît, se dirige à pas lents, toujours muette, vers l'homme évanoui. Que porte-t-elle avec tant de précaution dans ses mains ?... Horreur ! c'est un masque de verre, un masque hermétique sans yeux et sans bouche, et ce masque est rempli jusqu'aux bords d'éther, de liquide poison : la voici qui se penche sur l'être, là, sans défense, offert inanimé, lui applique le masque sur la face, l'y noue, l'y fixe solidement avec un foulard rouge, et comme un rire lui secoue les épaules sous son capuchon de velours sombre : « Tu ne parleras plus, toi », m'a-t-il semblé l'entendre murmurer.

« Le garçon boucher maintenant se déshabille, vaque en caleçon à travers la chambre, son affreuse robe ôtée ; il reprend ses vêtements de ville, enfile son pardessus, ses gants de peau de chien de clubman et, le chapeau sur la tête, il range en silence, un peu fiévreusement peut-être, les deux costumes de mascarade et ses flacons dans le nécessaire aux fermoirs nickelés, il allume un londrès, prend la valise, son parapluie, ouvre la porte et sort... Et je n'ai pas poussé un cri, je n'ai pas sonné, je n'ai pas appelé. »

— « Et tu avais rêvé comme toujours, disait de Jacquels à Allitoff. — Oui, j'avais si bien rêvé, qu'il y a aujourd'hui à Villejuif, à l'asile des fous, un éthéromane incurable, dont on n'a jamais pu établir l'identité. Consultez plutôt son livre d'entrée : trouvé le mercredi 10 mars, à l'hôtel de..., rue d'Amsterdam, nationalité française, âge présumé vingt-six ans, Edmond Chalegrin, nom présumé. »

LES TROUS DU MASQUE

A Marcel Schwob.

Le charme de l'horreur ne tente
que les forts.

BAUDELAIRE.

« Vous voulez en voir, m'avait dit mon ami de Jakels, soit, procurez-vous un domino et un loup, un domino assez élégant de satin noir, chaussez des escarpins et, pour cette fois, des bas de soie noire et attendez-moi chez vous mardi. Vers dix heures et demie, j'irai vous prendre. »

Le mardi suivant, enveloppé dans les plis bruissants d'un long camail, un masque de velours à barbe de satin assujetti derrière les oreilles, j'attendais mon ami de Jakels dans ma garçonnière de la rue Taitbout, tout en chauffant aux braises du foyer mes pieds horripilés par le contact irritant de la soie ; dehors les cornets à bouquin et les cris exaspérés d'un soir de carnaval m'arrivaient confus du boulevard.

Assez étrange et même inquiétante à la longue, en y réfléchissant, cette veillée solitaire d'une forme masquée affalée dans un fauteuil, dans le clair obscur de ce rez-de-chaussée encombré de bibelots, assourdi de tentures avec, dans les miroirs pendus aux murailles, la flamme haute d'une lampe à pétrole et le vacillement de deux longues bougies très blanches, sveltes, comme funéraires ; et de Jakels n'arrivait pas. Les cris des masques éclatant au loin aggravaient encore l'hostilité du silence, les deux bougies brûlaient si droites qu'un énervement finissait par me prendre et, soudain effaré devant ces trois lumières, je me levai pour aller en souffler une.

En ce moment une des portières s'écartait et de Jakels entra.

De Jakels ? je n'avais entendu ni sonner ni ouvrir. Comment s'était-il introduit dans mon appartement ? J'y ai songé souvent depuis ; enfin de Jakels était là devant moi ; de Jakels ? c'est-à-dire un long domino, une grande forme sombre voilée et masquée comme moi : « Vous êtes prêt, interrogeait sa voix que je ne reconnus pas, ma voiture est là, nous allons partir. »

Sa voiture, je ne l'avais entendue ni rouler ni s'arrêter devant mes fenêtres. Dans quel cauchemar, dans quelle ombre et dans quel mystère avais-je commencé à descendre. « C'est votre capuchon qui vous bouche les oreilles, vous n'avez pas l'habitude du masque, » pensait à haute voix de Jakels qui avait pénétré mon silence : il avait donc ce soir toutes les divinations et, retroussant mon domino, il s'assurait de la finesse de mes bas de soie et de mes minces chaussures.

Ce geste me rassurait, c'était bien de Jackels et non un autre qui me parlait sous ce domino, un autre n'aurait pas eu souci de la recommandation faite à moi par Jakels il y avait une semaine. « Hé bien, nous partons, » commandait la voix, et dans un bruissement de soie et de satin qu'on froisse, nous nous engouffrions dans l'allée de la porte cochère, assez pareils, il me sembla, à deux énormes chauves-souris, dans l'envolement de nos camails soudainement relevés au-dessus de nos dominos.

D'où venait ce grand vent ? ce souffle d'inconnu? La température de cette nuit de mardi-gras était à la fois si humide et si molle.

II

Où roulions-nous maintenant, tassés dans l'ombre de ce fiacre extraordinairement silencieux, dont les roues, pas plus que les sabots du cheval, n'éveillaient de bruit sur le pavé de bois des rues et le macadam des avenues désertes ?

Où allions-nous le long de ces quais et de ces

berges inconnues à peine éclairés çà et là par la lanterne falote d'un antique réverbère ? Depuis longtemps déjà nous avions perdu de vue la fantastique silhouette de Notre-Dame se profilant de l'autre côté du fleuve sur un ciel de plomb. Quai Saint-Michel, quai de la Tournelle, quai de Bercy même, nous étions loin de l'avenue de l'Opéra, des rues Drouot, Le Peletier et du centre. Nous n'allions même pas à Bullier, où les vices honteux tiennent leurs assises et, s'évadant sous le masque, tourbillonnent presque démoniaques et cyniquement avoués les nuits de mardi-gras, et mon compagnon se taisait.

Au bord de cette Seine taciturne et pâle, sous l'enjambement de ponts de plus en plus rares, le long de ces quais plantés de grands arbres maigres aux branchages écartés comme des doigts de mort une peur irraisonnée me prenait, une peur aggravée par le silence inexplicable de Jakels; j'en arrivai à douter de sa présence et à me croire auprès d'un inconnu. La main de mon compagnon avait saisi la mienne, et, quoique molle et sans force, la tenait dans un étau qui me broyait les doigts... Cette main de puissance et de volonté me clouait les paroles dans la gorge et je sentais sous son étreinte toute velléité de révolte fondre et se dissoudre en moi; nous roulions maintenant hors des fortifications, par des grandes routes bordées de haies et de mornes devantures de marchands de vins, guinguettes de barrières depuis longtemps closes; nous filions sous la lune qui venait enfin d'écorner une bande de nuages et semblait répandre sur cet équivoque paysage de banlieue une nappe grésillante de mercure et de sel ; à ce moment il me sembla que les roues du fiacre, cessant d'être fantômes, criaient dans les pierrailles et les cailloux du chemin.

« C'est là, murmurait la voix de mon compagnon, nous sommes arrivés, nous pouvons descendre », et comme je balbutiais un timide : « Où sommes-nous ? — Barrière d'Italie, hors des fortifications, nous avons pris la route la plus longue, mais la plus sûre, nous reviendrons par une autre demain. » Les chevaux s'arrêtaient et de Jakels me lâchait pour ouvrir la portière et me tendre la main.

III

Une grande salle très haute aux murs crépis à la chaux, des volets intérieurs hermétiquement clos aux fenêtres; dans toute la longueur de la salle des tables avec des gobelets de fer blanc retenus par des chaînes et, dans le fond, surélevé de trois marches, le comptoir en zinc encombré de liqueurs et de bouteilles à étiquettes coloriées des légendaires marchands de vin; là-dessus le gaz sifflant haut et clair : la salle ordinaire, en somme, sinon plus spacieuse et plus nette, d'un troquet de barrière, dont le commerce irait bien. « Surtout pas un mot à qui que ce soit, ne parlez à personne et répondez encore moins, ils verraient que vous n'êtes pas des leurs, et nous pourrions passer un mauvais quart d'heure. Moi, l'on me connaît », et de Jakels me poussait dans la salle.

Quelques masques y buvaient, disséminés. A notre entrée, le maître de l'établissement se levait et pesamment, en traînant les pieds, venait au-devant de nous comme pour nous barrer le passage. Sans un mot, de Jackels soulevait le bas de nos deux dominos et lui montrait nos pieds chaussés de fins escarpins ! c'était le *Sésame, ouvre-toi ?* sans doute de cet étrange établissement; le patron retournait lourdement à son comptoir et je m'aperçus, chose bizarre, que lui aussi était masqué, mais d'un grossier cartonnage burlesquement enluminé, imitant un visage humain.

Les deux garçons de service, deux colosses velus aux manches de chemise retroussées sur des bras de lutteurs, circulaient en silence, invisibles, eux aussi, sons le même affreux masque.

Les rares déguisés, qui buvaient assis autour des tables, étaient masqués de satin et de velours, sauf un énorme cuirassier en uniforme, sorte de brute à la mâchoire lourde et à la moustache fauve attablé auprès de deux élégants dominos de soie mauve, et qui buvait à face découverte, les yeux bleus déjà vagues, aucun des êtres rencontrés là n'avait visage humain. Dans un coin, deux grands blousards à casquettes de velours, masqués de satin noir, intriguaient par leur élégance suspecte ; car leurs blouses étaient de soie bleu pâle et, du bas de leurs pantalons trop neufs, s'effilaient d'étroits orteils de femme gantés de soie et chaussées d'escarpins; et, comme hypnotisé, je contemplerais encore ce spectacle si de Jakels ne m'avait entraîné dans le fond de la salle, vers une porte vitrée fermée d'un rideau rouge. *Entrée du bal*, était-il inscrit au-dessus de cette porte en lettres historiées d'apprenti rapin; un garde municipal montait d'ailleurs la garde auprès. C'était au moins une garantie, mais en passant, ayant heurté sa main, je m'aperçus qu'elle était de cire, de cire comme sa figure rose hérissée de moustaches postiches, et j'eus l'horrible conviction que le seul être dont la présence m'eût rassurée dans ce lieu de mystère était un simple mannequin.

IV

Depuis combien d'heures est-ce que j'errais seul au milieu de ces masques silencieux, dans ce hangar voûté comme une église ? et c'était une église en effet, une église abandonnée et désaffectée, que cette vaste salle aux fenêtres en ogive, la plupart à moitié murées entre leurs colonnettes à rinceaux badigeonnées d'un épais enduit jaunâtre, où s'enlisaient les fleurs sculptées des chapiteaux.

Etrange bal, où l'on ne dansait pas et où il n'y avait pas d'orchestre. De Jakels avait disparu, j'étais seul abandonné au milieu de cette foule inconnue. Un ancien lustre en fer forgé flambait haut et clair, suspendu à la voûte, éclairant des dalles poudreuses, dont certaines noircies d'inscriptions recouvraient peut-être des tombeaux. Dans le fond, à la place où certainement devait régner l'autel, des mangeoires et des râteliers couraient à demi-hauteur du mur et c'étaient dans les coins des tas de harnais et de licols oubliés; la salle de bal était une écurie. Çà et là des grandes glaces de coiffeur encadrées de papier doré se renvoyaient de l'une à l'autre la silencieuse promenade des masques, c'est-à-dire qu'elle ne se la renvoyaient plus, car ils s'étaient tous maintenant assis, rangés immobiles des deux côtés de l'église, ensevelis jusqu'aux épaules dans les anciennes stalles du chœur.

Ils se tenaient là muets, sans un geste, comme reculés dans le mystère sous de longues cagoules de drap d'argent, d'un argent mat au reflet mort; car il n'y avait plus ni dominos, ni blouses de soie bleue, ni Arlequins ni Colombines, ni déguisements grotesques, mais tous ces masques étaient semblables, gainés dans la même robe verte d'un vert blême comme soufré d'or, à grandes manches noires, et tous encapuchonnés de vert sombre avec, dans le vide du capuchon, les deux trous d'yeux de leur cagoule d'argent.

On eût dit des faces crayeuses de lépreux, et leurs mains gantées de noir érigeaient une longue tige de lys noirs à feuillages vert pâle et leurs capuchons, comme celui du Dante, étaient couronnés de lys noirs.

Et toutes ces cagoules se taisaient dans une immobilité de spectres et, au-dessus de leurs couronnes funèbres, l'ogive des fenêtres, se découpant en clair sur le ciel blanc de lune, les coiffait comme d'une mitre d'évêque.

Je sentais ma raison sombrer dans l'épouvante; le surnaturel m'enveloppait ! cette rigidité, ce silence de tous ces êtres masqués. Quels étaient-ils ? Une minute d'incertitude de plus, c'était la folie ! Je n'y tenais plus et, d'une main crispée d'angoisse, m'étant avancé vers un des masques, je soulevai brusquement sa cagoule.

Horreur ! il n'y avait rien, rien. Mes yeux hagards ne rencontraient que le creux du capuchon ; la robe, le camail, étaient vides. Cet être qui vivait n'était qu'ombre et néant.

Fou de terreur, j'arrachai la cagoule du masque assis dans la stalle voisine, le capuchon de velours vert était vide, vide le capuchon des autres masques assis le long des murs. Tous avaient des faces d'ombre, tous étaient du néant.

Et le gaz flambait plus fort, presque sifflant dans

la haute salle; par les vitres cassées des ogives le clair de lune aveuglait; alors une horreur me prenait au milieu de tous ces êtres creux aux vaines apparences, un doute affreux m'étreignait le cœur devant tous ces masques vides.

Si moi aussi j'étais semblable à eux, si moi aussi j'avais cessé d'exister et si sous mon masque il n'y avait rien, rien que du néant! Je me précipitai vers une des glaces. Un être de songe s'y dressait devant moi, encapuchonné de vert sombre, masqué d'argent, couronné de lys noirs.

Et ce masque était moi, car je reconnus mon geste dans la main qui soulevait la cagoule et, béant d'effroi, je poussai un grand cri, car il n'y avait rien sous le masque de toile argentée, rien dans l'ovale du capuchon que le creux de l'étoffe arrondi sur le vide, j'étais mort et je...

— « Et tu as encore bu de l'éther, grondait dans mon oreille la voix de Jackels. Singulière idée pour tromper ton ennui en m'attendant. » J'étais étendu au milieu de ma chambre, le corps glissé sur le tapis, la tête posée sur un fauteuil, et de Jackels, en tenue de soirée sous une robe de moine, donnait des ordres fébriles à mon valet de chambre ahuri; sur la cheminée les deux bougies allumées, arrivées à leur fin, faisaient éclater leurs bobèches et m'éveillaient.. Il était temps.

LE VISIONNAIRE

Dans un vieux ciboire d'étain
S'effeuille, morne et douloureuse,
Une rose d'automne ocreuse,
D'un jaune de soleil éteint.

Près d'un grand verre de Venise,
Sur un tapis d'ancien lampas,
La rose malade agonise
D'un lent et somptueux trépas ;

Parmi les étoffes brochées,
Dont les vieux ors appesantis
Semblent réfléchir amortis
Les tons de ses feuilles séchées.

Au fond, dans l'ombre des tentures,
Un grand vitrail limpide et clair
Laisse apparaître les mâtures
D'un port de pêche, un ciel d'hiver;

Un ciel tiède et doux de décembre,
Dont les gris de cendre attendris
Font de la rose aux tons pourris
Une transparente fleur d'ambre;

Et cette hautaine agonie
De fleur parmi ce luxe ancien
Est bien dans l'âme et l'harmonie
De ce logis patricien;

Ce logis, où sous de longs voiles,
De grands archiluths attristés
Font de leurs manches, incrustés
De nacre et d'or, autant d'étoiles.

Un doux relent de frangipane,
A force de douceur malsain,
Discrètement monte et s'émane
D'un angle où dort un clavecin ;

Et cette chose pauvre et laide,
Qu'est l'effeuillement d'une fleur,
Devient une exquise douleur
Dans cette chambre haute et tiède.

Dans un vieux ciboire d'étain
S'effeuille, morne et douloureuse,
Une rose d'automne ocreuse
D'un jaune de soleil éteint.

De Jacquels ne m'avait pas entendu entrer: j'avais délicatement refermé la porte et, le haut tapis de Smyrne étouffant le bruit de mes pas, je m'étais sur la pointe des pieds approché doucement de sa table et je venais d'y lire par-dessus son épaule ces strophes moroses, comme anémiées de spleen et qui lui ressemblaient.

« Monsieur est aujourd'hui dans ses mauvaises », m'avait bien dit le valet de chambre en me laissant pénétrer à regret, car, avec la tyrannie d'une amitié de dix ans, je venais de forcer une consigne et c'est en intrus que je venais de pénétrer dans le silence de son cabinet.

« Eh bien, ça ne va donc pas, vieil ami ! » hasardais-je en lui posant la main sur l'épaule. De Jacquels avait un brusque soubresaut de tout le corps, me regardait de bas en haut et, sans se lever de son fauteuil, d'une voix blanche, infiniment lasse : « Ah c'est toi ! Cyprien t'a laissé entrer. Au fait, il a bien fait... pour la mauvaise besogne que je traînaille ici... » et il faisait le geste de refermer son buvard. « Inutile ! faisais-je, j'ai lu tes vers, oui, par-dessus ton épaule. Fleurs de chlorose ou roses d'ennui ! Oh tu es un joli cas d'âme d'automne. On ne te voit plus nulle part, tu ne sors donc plus, qu'est-ce qu'il y a donc, mon pauvre ami? » Alors lui de sa voix veule : « Il y a, il y a cela... » et de sa main étonnamment fine et longue et ce jour-là plus que jamais exsangue il me montrait par la haute fenêtre et les arbres sans feuilles de l'avenue déserte, et le terre-plein de la chaussée comme crayeux et durci, tout ce décor de froid et de tristesse que novembre échafaude à l'angle de nos rues ; et s'étant approché de la croisée. « Oh ! ce ciel jaune et bas qui pèse comme un couvercle, ces fantômes d'arbres ébranchés et ces toits comme enfouis dans la bruine, et cette affiche grotesquement bruyante qui éclate et détonne sur cette colonne Morris, et cette station de fiacres là-bas, à l'angle de l'avenue... et la laideur de ces passants, combien rares d'ailleurs, mais pas assez pourtant! Je meurs, vois-tu, du manque d'imprévu, de la banalité de cette chose pauvre et laide qu'est la rue de Paris. »

— « Et un peu de cela aussi », faisais-je en promenant mon regard autour de la haute pièce en vérité tendue, meublée et décorée avec un luxe au moins bizarre et, désignant tour à tour un buste de bronze vert aux yeux d'argent bruni posé sur une colonne de marbre, puis plus loin une cire peinte aux prunelles hagardes, aux lèvres entr'ouvertes dressant sur un bahut une face d'agonie délicieuse à la fois de grâce et d'épouvante. « Est-ce que tu crois sérieusement tout cet art là très sain? Parole, il y a de la sorcellerie dans ces arrangements, et une cervelle chavirerait à moins. » Et avisant, dans un cadre de vieil argent bossué de fruits de cornaline et d'agate, une étrange tête coupée de Sapho ou d'Orphée surnageant entre les nénuphars d'un étang d'or verdâtre, signés Jeanne Jacquemin : « Et cette pourriture-là, cette fleur d'amphithéâtre dans ce paysage hanté, tu crois qu'à la longue ça ne détraque pas les nerfs d'avoir devant soi toutes ces têtes coupées? mais le choix seul de ces couleurs est un aveu d'infirmité morale! Où a-t-on vu de pareils chrysanthèmes, par exemple? » Et je touchais du doigt une touffe de floconneuses fleurs d'un ton verdâtre mêlées à des charpies d'écarlate et de rouille, comme tachées de sang anémié d'un rose mort. « Il n'y a que toi pour dénicher de semblables monstres ; parole, il ne te manque plus que quelques chauves-souris empaillées, accrochées çà et là sur ces tentures violâtres, ce sera complet. O malade, malade! Et ce choix de lectures, *Serres chaudes* de Mœterlink, *la Princesse Maleine*, du Catulle Mendès et du Jules Laforgue, de l'Henri de Régnier et du Marcel Schwob, toute la lyre naturellement, trop de rêves, mon ami, trop de rêves, on en meurt, il faut soigner cela. »

Le domestique venait d'apporter les lampes ; de Jacquels, le front obstinément collé aux vitres, continuait de garder le silence, et dans le jour crépusculaire son immobilité, sa pâleur prenaient un caractère en vérité si étrange qu'une inquiétude me venait. « Maxime! » lui criai-je dans l'oreille pour m'assurer qu'il ne dormait pas ; mais alors lui, d'une voix lointaine, comme s'il poursuivait un rêve :

Au fond, dans l'ombre des tentures,
Un grand vitrail limpide et clair
Laisse apparaître les mâtures
D'un port de pêche, un ciel d'hiver.

Et puis, se décidant enfin à me répondre : « Vois-tu, ce qui me manque ici, ce qui fait la détresse et le désespoir de mes horizons, ce sont ces vergues et ces mâts que mes yeux ne retrouvent plus et qui m'étaient là-bas choses familières. Oh ! ce petit port de pêche de mon enfance, où je me suis tant ennuyé cependant, les yeux toujours tournés vers Paris ou ailleurs, comme il emplissait mes prunelles et mon cœur ! Comme j'aimais ses quais empuantis et grouillants avec ses barils de saumure, ses harengs en tonne et ses bateaux de pêche, perpétuellement en partance! Des marins engoncés de jaunes toiles luisantes, bottés de grands bas de laine montant jusqu'à mi-cuisse, se dandinaient lourdement dans le port, des mousses se hélaient d'une chaloupe à l'autre, des calfats suspendus à mi-flanc des navires en radoubaient la coque et, par les hublots ouverts, des têtes brunes et frisées se penchaient vers des femmes cramponnées dans le vide aux barreaux de fer des échevelles de quai.

« Ça sentait le départ, le rêve et l'éternelle aventure : le soir une gaîté formidable de marins en bordée roulait par les rues, une odeur d'alcool et de sel vous prenait à la gorge, et, derrière de lourdes portes entrebâillées, sur des seuils glissants, du fond de tous les couloirs humides des bas quartiers, montait un bruit de grosses voix, de gros baisers et de grosses bottes qui me versait la joie et la santé au cœur.

« Que de fois, assis au fond d'un cabaret aux vitres épaisses et jaunes comme de la corne, au milieu des cartes et des jurons de matelots saouls, je me suis épanoui dans cette lourde atmosphère de brutes primitives, heureux de leurs propos d'enfants orduriers et naïfs, ravis de leurs chansons gaillardes et légendaires, où le vaisseau fantôme côtoyait le rouge cotillon de Loïse et le manteau palmé de Notre-Dame. Et les belles flaques d'or que la lampe allumait aux ventres des poissons, turbots et harengs-saurs suspendus au plafond, la même lampe fumeuse qui faisait pétiller sous le bonnet de laine les cheveux blonds des jeunes et miroiter le crâne chauve des vieux. Parfois des criailleries éclataient dehors, dans la boue grasse de novembre ; un gabelou entrait tout ruisselant de pluie et annonçait qu'un tel venait de *saler* un tel et toute l'assemblée de hocher la tête avec de gros rires, sur cette déclaration *qui n' faut point s' mêler d's affaires d'autrui* ; et je riais, moi aussi, dans mon coin, reconnaissant bien là la prudence normande.

« Mais les meilleurs soirs étaient ceux de tempête, quand la mer démontée courait le long des jetées et que la grêle et la pluie par rafales balayaient les vieux quais déserts.

« Les cabarets alors regorgeaient de figures longues toutes d'hommes du métier attristés par cette idée de la mer mauvaise et entrés là pour s'étourdir ; mais ces soirs-là on avait beau vider les pichets et les cruches, les conversations demeuraient graves, et je me sentais défaillir de joie en entendant ces simples et ces braves parler tourmentes en mer et navires en détresse, abordages et naufrages, tandis que la pluie redoublait sur les vitres et que là-bas, sous la falaise, les *hou, hou, hou* de la bourrasque faisaient dire aux plus vieux de la bande qu'il ventait ce soir-là *La poupée à Robillard.*

« *La poupée à Robillard*, une locution sans aucun sens, sans origine même et toute locale, comme en a le bas peuple dans tous les pays; mais dans mon imagination inquiète, les nuits de grand vent, je me figurais, flottant à la dérive, la tête sous la pluie et les pieds hors des vagues, une informe poupée fantomnâle et géante, un immense mannequin hideusement livide et bourré de chiffons. Spectre démantibulé aux longues mains inertes, elle courait, cette poupée, sur la crête des vagues, à l'entrée des jetées, tourbillonnait dans la bourrasque et sa tête inanimée de morte, toute ruisselante d'écume, brillait étrangement dans l'échancrure des nuées, bien au-dessus des falaises. Sa silhouette éperdue tournoyait sur les lames et du revers de ses mains lourdes souffletait les navires en péril qui sombraient sur le coup ou allaient s'émietter au loin sur les récifs.

Oh! *cette Poupée à Robillard*! quelle vision délicieuse et terrible et comme elle me faisait battre et sauteler le cœur! Et puis c'étaient d'autres légendes et d'autres cauchemars non moins doucement effroyables et horribles; ma mémoire en était pleine et, le calme revenu, une fois rentré dans ma chambre, je n'avais, derrière ma fenêtre, qu'à regarder les vergues et les mâts dans le port pour revoir mes fantômes me sourire et me héler de loin dans les voilures, là-bas, là-bas. »

Là-bas! sa voix s'était presqu'éteinte : toujours immobile à l'angle de la fenêtre, on eût dit qu'il parlait en songe et, m'étant approché tout près, je vis que ses yeux étaient fixes, ses traits tout contractés et qu'il dormait debout : il s'était endormi.

Là-bas, là-bas, dans le petit port de pêche, dont il regrettait les quais et les mâtures, le ciel de cendre et les soirs de tempêtes pleins de râles et de cris.

Il dormait; j'appelai son domestique et nous le portâmes tout habillé sur son lit.

LE POSSÉDÉ

Au docteur Albert Robin.

« Oui, me déclarait Serge, il faut que je m'en aille, je ne peux plus demeurer ici ; et ce n'est pas parce que j'y grelotte, tout l'organisme à jamais refroidi par les pintes de sang que les chirurgiens me soutirent depuis des mois. Le coffre est encore bon, Dieu merci ! et avec des précautions je suis relativement sûr de mes bronches ; mais je ne peux plus hiverner ici, parce que, dès les premières bourrasques de novembre, j'y deviens halluciné, quasi fou, en proie à une obsession vraiment affreuse : en un mot, parce que j'y ai peur. »

Et devant la fixité de mon regard : « Oh ! ne vas pas croire à des troubles d'éther ! Je suis guéri, radicalement guéri ; je suis intoxiqué d'ailleurs et le poison, qui, il y a deux ans à peine, répandait dans tout mon être comme une alacrité d'air plus vif avec je ne sais quelle délicieuse sensation d'impondérable, l'éther aujourd'hui me rompt bras et jambes et j'ai gardé pendant trois jours dans tous les membres une véritable courbature, la dernière fois, il y a un an de cela, que j'en ai respiré.

« Au reste, pourquoi en prendrais-je ? Je n'ai plus ni insomnies ni étreintes au cœur. Ces gonflements et ces lourdeurs d'éponges sous le côté gauche, ces atroces sensations d'agonie qui me dressaient brusquement sur mon lit avec sur toute ma chair moite le frisson de la petite mort, tout cela n'est plus pour moi qu'un lointain cauchemar, comme un vague souvenir des contes d'Edgar Poë qu'on aurait lus dans son enfance, et vraiment, quand je songe à cette triste période de mon existence, je crois l'avoir moins vécue que rêvée.

« Et pourtant il faut que je parte, je retomberais malade dans ce Paris fantômatique et hanté de novembre ; car le mystérieux de mon cas, c'est que j'ai la terreur non plus de l'invisible, mais de la réalité. — De la réalité ? » Et comme j'appuyais intentionnellement sur les mots, un peu dérouté par ce dernier aveu : « De la réalité ! répétait Serge en scandant chaque syllabe, c'est dans la réalité que je deviens visionnaire. Ce sont les êtres en chair et en os rencontrés dans la rue, c'est le passant, c'est la passante, les anonymes même de la foule coudoyés qui m'apparaissent dans des attitudes de spectres, et c'est la laideur, la banalité même de la vie moderne qui me glacent le sang et me figent de terreur. »

Et s'asseyant brusquement sur un coin de table : « Ce n'est pas d'aujourd'hui, tu le sais, que je suis visionnaire. Quand j'étais un misérable damné de l'éther, tu m'as vu en deux ans changer trois fois d'appartement pour échapper à la persécution de mes rêves ; je peuplais littéralement les chambres de fantômes ; ils étaient en moi et, dès que je me trouvais seul dans quelque pièce close, l'atmosphère ambiante, toute grouillante de larves, comme une goutte d'eau vue au microscope l'est de microbes et d'infusoires, laissait transparaître à mes yeux d'épouvantables faces d'ombres. C'était l'époque où je ne pouvais promener mes regards dans la solitude de mon cabinet de travail sans voir surgir d'équivoques pieds nus au ras des portières ou d'étranges mains pâles dans l'intervalle des rideaux ; l'affreuse époque enfin où l'air que je respirais était empoisonné par d'horribles présences et où je me mourais exténué par d'incessantes luttes contre l'inconnu, à demi fou d'angoisse au milieu de blêmes rampement d'ombres et d'innomables frôlements.

« Mais que tout cela est loin ! Je suis guéri, Dieu merci ! j'ai retrouvé mon appétit et mon sommeil de vingt ans, je dors comme un loir, je mange comme un ogre et tout cet été j'ai couru la montagne avec un entrain d'écolier ; et pourtant il faut que je m'en aille, et cela au plus vite, car l'ignoble névrose est là qui me guette et m'attend ; la peur est en moi, et moi qui me connais, j'ai peur de cette peur. »

Serge s'était levé ; il arpentait maintenant la pièce à grands pas, les mains croisées derrière le dos, le front comme buté et les yeux au tapis de haute laine : tout à coup il faisait halte. « As-tu remarqué comme la laideur des gens rencontrés dans la rue, des petites gens surtout, ouvriers se rendant à leur travail, petits employés à leur bureau, ménagères et domestiques, s'exaspère et s'aggrave d'aspects quasi fantastiques dans l'intérieur des omnibus ! Avec les premiers froids, cela devient terrible. Est-ce le souci quotidien des basses besognes, le poids déprimant des préoccupations mesquines, la terreur des fins de mois, des échéances et des dettes qu'ils ne payeront jamais, la lassitude de tous ces sans le sou aux prises avec la vie, une vie rance et sans imprévu, toute la tristesse même d'exister sans une pensée un peu haute sous le crâne ou sans un rêve un peu vaste au cœur ? Toujours est-il que je n'ai jamais vu nulle part plus ignobles caricatures du visage humain ! Cela en devient hallucinant. Est-ce le sentiment de leur laideur tout à coup mise face à face, la brusque détente de l'organisme s'oubliant une minute sur la tiédeur des banquettes ou la délétère influence de l'atmosphère empuantie ? mais un subit avachissement semble s'emparer de tous les êtres entassés là ; ceux qui sont debout luttent encore, préoccupés animalement de ne pas tomber de la plate-forme ; mais les grosses dames écroulées aux quatre angles de l'intérieur, les vieux ouvriers aux doigts noueux, aux pauvres nuques jambonnées par le froid, aux pauvres cheveux rares, et la physionomie chafouine des bonnes en course, l'air chlorotique et vicieux, les yeux obliques, toujours chavirés d'un coin à l'autre sous les paupières flasques, d'équivoques messieurs boutonnés jusqu'au cou dont on ne voit jamais le linge ; peut-il exister, mon cher, sous la terne clarté d'une journée de novembre, un plus morne et répugnant spectacle que celui d'un intérieur de tramway ? Le froid du dehors a durci tous ces traits, comme figé tous ces yeux et contracté ces fronts qu'il a coiffés d'un casque ; les regards vitreux, sans expression, sont des regards de fous ou de somnambules. S'ils ont une pensée, c'est pis, car la pensée est ignoble ou sordide et les regards sont criminels ; on n'y voit luire et passer que des éclairs de lucre et de vol ; la luxure, quand elle y apparaît, est vénale et spoliatrice ; chacun, en son for intérieur, ne songe qu'aux moyens de piller et de duper son prochain. La vie moderne, luxueuse et dure, a fait à ces hommes comme à ces femmes des âmes de bandits ou de gardes-chiourme ; l'envie, la haine et le désespoir d'être pauvre font aux uns des têtes aplaties et revêches, des faces aiguisées et retortes de musaraignes et de vipères; l'avarice et l'égoïsme donnent aux autres des groins de vieux porcs avec des mâchoires de requins, et c'est dans un bestiaire, où chaque bas instinct s'imprime en traits d'animal, c'est dans une cage roulante, pleine de fauves et de batraciens cocassement vêtus comme les personnages de Grandville de pantalons, de châles et de robes modernes, que je voyage et je circule depuis le commencement du mois.

« Car je n'ai pas vingt-cinq mille francs de rente, moi, et je prends le tramway, tout comme mon concierge. Hé bien ! cette perspective de cohabiter, ne fût-ce qu'une heure par jour, avec des hommes à tête de pourceaux et des femmes à profils de volailles, hommes de loi pareils à des corbeaux, voyous aux yeux de loups cerviers et trottins de modistes à faces aplaties de lézards, cette promiscuité forcée avec tout l'ignoble, l'innomable de l'âme humaine remontée soudain à fleur de peau, cela est au-dessus de mes forces; j'ai peur, comprends-tu ce mot ? j'ai peur ?

« L'autre jour, pas plus tard que samedi, l'impression de cauchemar a été si forte (c'était dans le tramway du Louvre à Sèvres et la détresse d'un paysage de banlieue, les quais déserts de l'avenue de Versailles exacerbaient peut-être encore l'angoissante laideur de tous ces visages), que j'ai dû faire arrêter et descendre en pleine solitude des berges du Point-du-Jour. Je ne pouvais plus en supporter davantage ; j'avais, aiguë à en crier grâce, la conscience que tous les gens assis en face et autour de moi étaient des êtres d'une autre race, à moitié bêtes, à moitié hommes, des espèces de spectres ayant vie, produits ignobles de je ne sais quels monstrueux coïts, espèces d'anthropoïdes plus près de l'animal que de l'homme et incarnant chacun un instinct bas et malfaisant de bêtes puantes, de grands carnassiers, d'ophidiens ou de rongeurs.

« Il y avait entre autres, juste devant moi, une plate et sèche bourgeoise au long cou granulé comme celui d'une cigogne, aux petites dents dures et écartées dans une bouche béante de poisson et dont l'œil à paupière membraneuse, à pupille extraordinairement dilatée et béate, effarait. Cette femme était la sottise même, elle l'incarnait et l'identifiait d'une façon définitive, et un effroi grandissant me poignait, l'effroi qu'elle n'ouvrît la bouche et n'émît une parole : elle eût, j'en suis sûr, gloussé comme une poule. Cette femme était de basse-cour, et une grande tristesse, un navrement infini me prenait devant cette dégénérescence d'un être humain.

« Une broche camée agrafait les deux brides d'un chapeau de velours mauve. J'ai préféré descendre ; et tous les jours, en tramway, en omnibus, en wagon même, où la hideur des visages de spectres s'horrifie la nuit à la clarté des lampes, les mêmes profils d'animaux se dégagent lentement des faces entrevues, et cela pour moi seul, rien que pour moi. C'est une possession, que veux-tu ?

« Aussi j'en ai pris mon parti, je fuis cet enfer, je pars. »

LA MAIN GANTÉE

Pour Edouard de la Ganduru.

C'était assez avant dans la nuit, après un dîner d'hommes. Tout en vidant force sodas au sherry, au wisky et autres boissons américaines, les causeurs, vautrés les uns sur des divans, les autres accroupis sur leurs talons, les reins accotés à des écroulements de coussins, avaient glissé de la politique et de l'actualité, du théâtre et des femmes, aux accidents de morphine et d'éther ; le cas de Serge Allitof, obligé de quitter Paris pour échapper à une obsession de ressemblance animale se dégageant pour lui de tout visage humain, avait un bon moment défrayé la conversation, et, de la monomanie de ce misérable garçon contraint à fuir dans le Midi devant un Paris peuplé d'hommes à gueules de fauves et de femmes à profils de volailles, on était arrivé à passer en revue tous les troubles nerveux plus ou moins cités par les docteurs Charcot et Lombroso, tous pour la plupart lésions de l'encéphale donnant éclosion à des phénomènes quelquefois curieux ; on faisait naturellement la part des héréditaires et des accidentels, —la délicatesse de l'organisme mental est telle que l'incident le moins grave en apparence peut occasionner les plus sérieux désordres, — et, la personnalité de chacun finissant par prendre le dessus dans la conversation générale, les huit hommes réunis-là en étaient venus à se faire les uns aux autres, d'une voix fiévreuse et un peu changée, les confidences les plus baroques C'était, accompagné de regards vaguement inquiétants et de gestes automatiques, un échange effaré d'impressions personnelles sur des terreurs d'enfance, de jeunesse et même d'hier.

« Ainsi moi, déclarait Sargine, passé onze heures en été, neuf heures en hiver, je ne peux pas prendre un fiacre, — fiacre ou voiture de cercle. J'habite avenue de Wagram, près de la place Pereire. Sans être loin, loin, loin, ce n'est pas très près du centre ; pour regagner mon chez moi je passe inévitablement par des endroits quelque peu solitaires; il y a par là, convenez-en, quelques avenues assez sinistres sous la brume de novembre; passé le boulevard de Courcelles, le boulevard Malesherbes n'a rien de bien récréant, et la rue Cardinet, donc ! Eh bien, je préfère revenir à pied du cercle et cela qu'il vente ou qu'il neige, et j'ai quelquefois sur moi jusqu'à cinquante ou soixante mille francs. J'ai, je le sais bien, mon revolver dans ma poche, mais une mauvaise rencontre est toujours une mauvaise rencontre et un fiacre couperait court à tout. Mais, voilà... dès que je suis installé dans ce maudit sapin et que le cocher enfile les rues désertes, crac ! la boussole se détraque et une idée fixe s'installe là-dedans, — et de son index il se touchait le front entre les deux sourcils, — une idée indéracinable (j'ait tout fait pour la retirer de là) et pas réjouissante du tout, l'idée, je vous en fait juges. Je ne roule pas plutôt par les rues noires que la conviction s'établit en moi que mon cocher est masqué, et avec quel masque ? avec un masque colorié imitant le visage humain, un faux visage, le *faux visaige* des routiers du seizième siècle, et ce que j'ai cru voir de sa peau sous l'engoncement du cache-nez et des collets devient dans ma pensée une face de cire ou de carton abritant les plus abominables projets. C'est un ignoble rôdeur qui est assis sur ce siège ; ce faux *visaige* me conduit à bride abattue vers quelque horrible guet-apens. C'est hors des fortifications, dans les solitudes sinistres d'Aubervilliers et de Saint-Ouen que fera seulement halte ce fiacre de mauvais rêve, cette maudite boîte roulante dont la portière machinée résiste à tous mes efforts, ce corbillard de minuit dont je ne puis pas plus baisser le vasistas scellé que forcer la serrure à secret, et tout mon poil se hérisse et toute ma chair devient moite et je suffoque, étranglé d'horreur, déjà assassiné en imagination, dévalisé, assommé, laissé pour mort, le crâne en bouillie, sur le pavé durci des routes. Le fiacre s'arrête, mon cocher inquiet saute à bas de son siège, ouvre la portière : « Qu'est-ce qu'il y a donc mon bourgeois ? On s'était endormi ? » Je me vois dans ma rue, à la porte de ma maison, et, tout frissonnant encore, je suis trop heureux de donnez cinq francs de pourboire à mon cocher ahuri.

« Vous comprenez maintenant pourquoi je rentre à pied. »

Et, devant un unanime sourire, Sargine, de sa voix veule : « Et tout cela pour avoir pris un soir de mardi gras, sans m'en être aperçu, un cocher à faux nez, un pauvre hère inoffensif qui pour fêter le carnaval s'était collé sur la trogne le traditionnel cartonnage. Un accident survient, il casse un trait ; l'affaire à réparer, demandant cinq minutes, il croit devoir m'avertir ; je sommeillais à demi, j'ouvre les yeux et je vois devant moi ce masque, cet épouvantable postiche, à une heure du matin, dans l'avenue de Villars, derrière les Invalides, un bal où j'avais promis d'aller retrouver pour le cotillon une femme de mes amies.

« Vous voyez le tableau. Il gelait cette nuit-là à pierre fendre, avec une lune claire, claire, claire sur un ciel traversé de nuages d'encre ; j'ai cru à une attaque nocturne et suis tombé sur l'homme à bras raccourcis.

« Mais, depuis, c'est plus fort que moi, je ne peux pas prendre de fiacre ».

A quoi de Martimpré : « Le fiacre après minuit, voilà, certes, un état d'âme qui gênerait fort mes sorties du soir, moi qui habite Auteuil et ne veux sous aucun prétexte revenir en chemin de fer ; car moi, c'est autre chose. C'est le compartiment de première classe, de seconde classe, de première classe surtout, où je déménage et deviens littéralement louf dès les lampes allumées ! Et ce train de minuit quarante, ce train des théâtres, l'ai-je assez pris pourtant, l'ai-je assez aimé et béni avant ma petite aventure il y a trois ans ? Ah ! le pratiquai-je assez, le petit truc de tous les habitants de Neuilly, Passy et Auteuil, qui consiste à se jeter à minuit vingt en fiacre pour être à minuit quarante salle des Pas-Perdus et à une heure dix boulevard Montmorency, point terminus du dernier train ! Un peu plus rassurante tout de même, cette petite demi-heure en wagon, que le solo de corbillard en fiacre par les steppes équivoques de l'avenue de Versailles, cette avenue de Versailles aux louches auberges de mariniers et de trimardeurs aux volets clos, mais aux vitres encore braisillantes à une heure et deux heures du matin.

» Oui, il a bien simplifié mon existence pendant dix ans au moins, ce bon chemin de fer de ceinture adoré des suburbains ; mais voilà, depuis trois ans, ni, ni, c'est fini de rire. Je préfère maintenant grelotter, en plein hiver, dans mes fourrures, les pieds raidis sur la bouillotte toujours glacée des fiacres de nuit, et pourtant je ne suis, moi, ni éthéromane comme Allitof ni gâteux comme Sargine. » Et ce dernier s'étant incliné très bas en signe de remerciment, de Martimpré s'affalait plus profondément encore dans son fauteuil de point de Hongrie, croisait ses jambes l'une sur l'autre et du ton nonchalant qui lui est habituel : « Voilà ma petite aventure. Avant de commencer vous m'accorderez bien qu'il n'y a rien de plus impressionnant et je dirai même de plus macabre que l'éclairage des compartiments de première classe.

Sur la ligne de l'Ouest cela devient terrible ; c'est d'une brutalité qui souligne tous les traits en les déformant. Cela tient à la fois du réflecteur de la Morgue et de la lumière diffuse de l'amphitéâtre. Tous les visages y apparaissent d'une pâleur de mort, les yeux s'y creusent sous le relief exagéré des paupières, les narines s'y emplissent d'ombre, et, dans ces faces toutes devenues camardes sous le giclement lumineux des lampes, la plupart des bouches semblent des trous noirs. Le moindre méplat, la plus petite saillie d'os ou de muscles y prennent un relief inquiétant, et, pour peu que le physique des voyageurs y prête, vous pouvez sans grand effort d'imagination vous croire aisément dans une salle d'hôpital, en compagnie de malades en mauvaise passe ou même de macchabées, au choix, dans une salle de dissection. »

Un des asistants ayant dit alors : « Charmante, mais un peu longue ta prière des agonisants », de Martimpré sourit avec complaisance, décroisa sa jambe droite qu'il avait mise sur sa gauche, et ayant repris en sens inverse la même position : « C'est accordé, je vois. Vous me concédez tous le côté spectrale et vraiment horrible de l'éclairage de nos wagons ; j'arrive au fait.

« C'était il y a quatre ans ; je sortais de la Porte-Sain-Martin où j'avais assisté à une des dernières de *Cléopâtre.* Oh ! le Botticelli qu'y évoquait alors Sarah dans ses enroulements d'étoffes lamées, agrafées çà et là de scarabées de turquoises et de joyaux d'Egypte ! Jamais sa ressemblance avec la *Primavera* de la fameuse fresque de Florence n'avait été si précieusement soulignée, et, malgré mon peu de goût pour le drame de Sardou, c'était bien la dixième ou onzième fois que je le voyais, attiré là par l'inoubliable vision plastique offerte par la tragédienne.

« Si j'insiste ainsi sur le spectacle d'où je sortais, c'est pour vous bien marquer mon état d'esprit ce soir-là, nullement tourné au noir, bien au contraire, puisqu'une délicieuse image d'art flottait encore, quasi vivante, devant moi. Je monte donc en wagon presque aussitôt au complet, — les compartiments se remplissent vite au dernier train, -- et nous 'à partis. Je n'avais même pas regardé les sept compagnons de route que me donnait le hasard. Il y a toujours beaucoup de fourrures du côté hommes et pas mal de pelisses de soie miroitante et brochée du côté femmes dans ce train dit des théâtres, et le public, cravaté de blanc, ganté clair et tout enjoaillé en est assez élégant, verni même ; je n'y prête pas plus d'attention d'ailleurs ; nous roulons, et à chaque station, Courcelles, Neuilly, Bois-de-Boulogne, des couples descendent et le compartiment se vide.

« Au Trocadéro je reste seul et m'avise alors d'un autre voyageur assoupi, presque vis-à-vis de moi, contre l'accotoir mobile du milieu : petit, les épaules hautes et comme remontées au-dessus des oreilles, l'homme endormi là étalait sous la clarté brutale de la lampe la plus effroyable laideur : une grosse tête en poire plus large du bas que du haut, une face prognate aux maxillaires énormes, au front étroit mangé de luisants cheveux noirs, une figure olivâtre aux lourdes paupières paresseuses et grasses, au nez heurté et court avec, dans sa pâleur verte, les bourrelets tuméfiés de deux lèvres épaisses hideusement pendantes, une de ces faces de cauchemar comme Goya en prête à ses scènes de *comprachicos* et telle que le musée de Madrid en présente dans les portraits des derniers Habsbourg, laideur de dégénérescents de grande race redescendus à la férocité meurtrière de la brute.

« Je regardai l'homme, il avait une façon affreuse de dormir : ses grosses paupières ne rejoignaient pas et l'on voyait entre leurs fentes un peu du blanc de l'œil ; on eût dit son regard embusqué derrière le grillage de ses cils, et tandis qu'il ronflait comme pour me rassurer avec je ne sais quel hideux renâclement du fond de la gorge, il tenait posée sur ses genoux une longue main gantée de noir, une main à la fois crispée et inerte, démesurément longue et follement étroite, qui semblait mal emmanchée dans le poignet blanc de sa chemise et, certes, ne devait pas être la main de son corps.

« Cela devenait de l'obsession ; je ne pouvais plus maintenant détacher mes yeux de cette main ; tout à coup l'homme se levait (c'était après la station de Passy et le train venait de se remettre en marche), faisait quelques pas dans le wagon et venait se planter devant moi. Ce fut affreux. Ses grasses paupières s'étaient relevées et ses yeux blancs me regardaient ; l'homme avait fourré sa main dans sa poche et, les deux bras enfoncés jusqu'aux coudes dans les profondeurs de son pardessus, il me fouillait de ses yeux vitreux sans mot dire, immobile, et je vis alors qu'il dormait.

« Ce furent là cinq minutes d'inoubliable angoisse. Oh! ce tête-à-tête avec cet étrange somnambule, dans le silence et la trépidation de ce train de nuit ! Nous arrivions en gare d'Auteuil, le serrement des freins faisait chanceler mon compagnon sur ses jambes courtes ; il faillit tomber, portait en grognassant ses deux mains à ses yeux et, comme subitement rappelé à la notion des choses, se dirigeait vers une portière et descendait à contre-voie. On y faisait des manœuvres et, moi-même, enfin rassuré, crus devoir l'avertir. « Pas par ici, par là », faisais-je en lui touchant le bras. Il étouffait un autre grognassement et, sans me répondre, se précipitait vers l'autre portière ouverte, descendait dans le vide... Il avait disparu.

« Le singulier voyageur ! J'allais descendre à mon tour, quand mon pied ayant heurté quelque chose de mou, je me baissai pour voir et trouvai sous mes doigts la main, l'horrible main gantée, démesurément longue et follement étroite, la main déjà froide, inerte et crispée que le somnambule avait oubliée.

« C'était une main de femme toute fraîchement coupée, car elle suintait encore et avait marqué en taches rougeâtres sur les coussins. »

Et de Martimpré ajoutait de son ton languissant :

« Voilà pourquoi je n'ai jamais repris le train de minuit quarante ! »

LE DOUBLE

Pour Romain Coolus.

« Comme elle descendait l'escalier du palais, elle rencontra de grandes ombres qui le montaient en sens inverse : c'étaient des formes de chevaliers casqués, de dames en hennins et de moines en cagoules ; il y avait aussi parmi eux des prélats mitrés, des lansquenets et des pages ; le profil des morions, des bannières et des lances se détachait en noir sur la haute tapisserie, mais ce n'étaient que des ombres et elles ne faisaient aucun bruit.

« Gerda s'arrêta, n'osant plus faire un pas devant ce cortège de silence. — Ne crains rien, croassa le corbeau posé sur son épaule, ils sont plus vains que fumée, ce sont les Songes ; dès les lumières éteintes, ils envahissent chaque nuit le palais. »

J'ai toujours adoré les contes et, doucement affalé sous le rond lumineux de ma lampe, je me grisais délicieusement du délicat opium de cette histoire de fées, une des plus poétiques visions du conteur Andersen, quand dans le silence de la pièce assoupie un domestique s'irruait brusquement. Il me tendait une carte sur un plateau : c'était un monsieur qui apportait un livre et tenait à le remettre à monsieur lui-même; on avait beau lui dire que monsieur ne recevait pas, était absent, sorti, le visiteur insistait; je vis qu'on m'avait mal défendu et, résigné, je pris la carte. « Michel Hangoulve »; ce nom ne m'était pas inconnu. « Jeune ou vieux? demandai-je au domestique. — Jeune, tout jeune », m'était-il répondu. — Allons, c'est quelque débutant qui se sera fait présenter un jour dans une salle de rédaction, pensai-je, à moins que je n'aie remarqué son nom au bas de quelque article de petite revue. Il faut encourager les jeunes. » Je fis signe d'introduire.

Je n'eus pas plutôt vu mon homme que je regrettai immédiatement d'avoir laissé entrer M. Michel Hangoulve. Entièrement glabre, les yeux ronds à fleur de tête et la peau d'un rose vineux de cicatrice, il s'avança précautionneux et sautillant, sa longue échine onduleuse obséquieusement tendue vers moi, d'une laideur à la fois si servile et si plate que j'eus immédiatement l'aversion instinctive de cette mine de pleutre et de cafard. Il s'excusa avec une politesse outrée de son insistance, objectant la grande admiration qu'il professait pour mon talent; il avait saisi l'occasion rare d'une publication pour forcer ma porte et me demander des conseils... et un article aussi, car il s'étendait maintenant sur les difficultés accumulées aujourd'hui devant tout débutant, sur l'indifférence de la presse en matière de littérature, la dégradation des journaux envahis d'interviews de filles et de souteneurs, sur la grande autorité de ma plume en matière d'art, — et il osait me regarder sans rire, — sur le krach du livre, sur l'agonie méritée du roman de l'égout, et après quelques coups de patte à Zola et une heureuse diversion sur l'exposition, le Parc de Bouteville et la peinture symbolique, il s'appesantissait enfin sur le grand service qu'un homme comme moi pouvait lui rendre avec quelques mots, moins que rien, deux ou trois lignes dans un article, et sur ma bienveillance bien connue de tous.

D'un geste discret il avait, entre temps, déposé son livre sur ma table. C'était un volume in-octavo, presque de luxe, orné d'un frontispice d'Odilon Redon et dont toute une liste de noms de la finance et du monde, publiée en première page, flattait et rassurait la vanité des souscripteurs ; je l'avais pris par contenance et, tout en le feuilletant, j'observais du coin de l'œil cet inquiétant Michel Hangoulve ; son réel aplomb et sa timidité jouée m'intéressaient. Avec sa face prognathe et ses dents menaçantes il était vraiment curieux par le soin qu'il apportait à démentir l'audace de ses appétits, par les mille et une simagrées de ses gestes étroits, de ses mains caressantes, incessamment frottées l'une contre l'autre, les restrictions de sa parole, ses ânonnements, ses réticences, comme toujours en peine de corriger quelque phrase trop hardie, et ses regards de vierge à paupières baissées, où je sentais passer des éclairs de meurtre et d'étranglement ; il y avait à la fois de l'anarchiste et du normalien dans ce bon jeune homme, et à tout prendre c'était le normalien qui gâtait l'anarchiste tout en le rendant intéressant, car il est doux de trouver une tare d'hypocrisie à la haine. Si disgraciés qu'ils fussent les vingt-trois ans de ce jeune auteur ne lui donnaient pas encore droit à tant d'altières rancunes contre une société dont le plus grand crime à ses yeux était sans doute d'ignorer son œuvre ; mais ce n'était déjà plus ce mélange heureux d'envie et de bassesse, de servilité et de mauvais instincts qui m'intriguait dans mon visiteur.

Plus je le remarquais, plus il était visiblement en proie à une agitation singulière, il ne pouvait littéralement tenir en place. A toutes les minutes il se levait de son siège, allait s'asseoir brusquement sur un autre, mais c'était pour le quitter aussitôt et revenir à sa première place. C'était enfin, au milieu de sa conversation, de perpétuels ressauts et sursauts comme si quelqu'un lui avait parlé tout à coup à l'oreille, des virements entiers de son corps vers on ne sait quelle présence invisible et des salutations, des attentions du geste et de toute la face, des tensions de la tête et du cou vers je ne sais quel mystérieux conseil. Dans la tiédeur et l'apaisement de la haute pièce assombrie de mystère et de tapisseries anciennes, cela prenait des proportions inquiétantes. Tout s'aggrave facilement d'aspects surnaturels dans certains décors, à la tombée de la nuit; et dans le clair-obscur de la chambre close, à la lueur équivoque de l'unique lampe ennuagée de gazes bleuâtres et des braises rougeoyantes du foyer, je ne pouvais me défendre d'une certaine terreur, à la longue ce tête-à-tête m'angoissait : ce Michel Hangoulve avec ses sautillements et son agitation m'oppressait comme un cauchemar.

Evidemment il n'était pas seul, il était entré quelqu'un avec lui, quelqu'un qui lui parlait, auquel il répondait et dont la présence l'obsédait, mais dont la forme échappait à mes yeux, se perdait dans la nuit, demeurait invisible, et les phrases du conte d'Andersen me hantaient, tenaces comme un remords :

« Comme elle descendait l'escalier du palais, elle rencontra de grandes ombres qui le montaient en sens inverse : c'étaient des formes de chevaliers casqués, de dames en hennins et de moines en cagoules ; il y avait aussi parmi eux des prélats mitrés, des lansquenets et des pages; le profil des morions, des bannières et des lances ce détachait en noir sur la haute tapisserie, mais ce n'étaient que des ombres et elles ne faisaient aucun bruit. »

Et j'en arrivais à guetter mon homme chaque fois qu'il se levait, espérant et craignant à la fois voir apparaître derrière lui, sur le fond de la tapisserie, quelque ombre effroyable et velue: son double.

Ce Michel Hangoul ve, dans quelle opprimante et bizarre atmosphère de contes d'Hoffmann et d'Edgard Poë se mouvait-il donc?

Jusqu'au son de sa voix m'impressionnait maintenant, elle était aigre comme un hissement de poulie et coupée de petits rires brusques, presque des ricanements. Etait-ce bien lui ou l'autre qui ricanait à ces affreuses minutes? La sauvagine a, par les nuits d'hiver, aux bords des fleuves gelés, de ces étranges piaulements.

Et l'horrible homme continuait, redoublant de volubilité et d'amabilité; plus je le regardais, plus son aspect larveux se dégageait visible et m'emplissait d'effroi. J'en étais arrivé à ne plus oser regarder dans les angles obscurs ni dans l'eau morte de la glace; j'avais trop peur d'y voir surgir quelque forme sans nom.

Il n'était pas entré seul chez moi, cela était de plus en plus évident: quelle atroce présence allait-il laisser derrière lui dans la chambre ensorcelée?

Ce misérable hallucinait l'atmosphère, envoûtait les objets et les êtres ; c'était quelque larve animée au service d'un mauvais esprit, un fantôme d'être, quelque mandragore enchantée par une volonté occulte et dont l'homonculus inane se démantibulait devant moi.

Et dans mon for intérieur je songeais à Péladan.

Il y avait bien aussi pour me rassurer ce paysage du conte.

« Gerda s'arrêta, n'osant plus faire un pas devant ce cortège de silence : — Ne crains rien, croassa le corbeau posé sur son épaule, ils sont plus vains que la fumée ; ce sont les Songes ; dès les lumières éteintes, ils envahissent chaque nuit le palais. »

Après tout, ce n'était peut-être qu'un songe, une vaine fumée.

L'équivoque visiteur prit enfin congé ; il se retira avec maintes révérences et forces protestations, il n'oublierait jamais mon accueil si cordial, et toute sa reconnaissance, etc., etc. J'eus enfin le bonheur de voir la porte se refermer sur lui.

Je sonnai aussitôt la livrée : « Je n'y serai jamais pour M. Michel Hangoulve, jamais, vous m'entendez ? » Et m'étant penché vers le foyer, j'y pris la pelle et y fis brûler un peu d'encens.

V

SOUVENIRS

PROPOS DE VERNISSAGE. — LES NIAIS DE MALHANTOT. UN ÉTRANGE JONGLEUR. — DOLMANCÉ. — LES CONTES. LÉGENDE DE TROIS PRINCESSES. — CONTE POUR LA NUIT DES ROIS. — CONTE DU BOHÉMIEN.

PROPOS DE JOUR DE VERNISSAGE

Pour Henri Bauer.

C'était en quatre-vingt-neuf, en dix-huit cent, en plein Paris forain de l'Exposition grouillant de provinciaux poudreux et d'étrangers fripés... Vous vous souvenez encore des oripeaux subodorants de la rue du Caire et des guenilles dorées de l'Esplanade, des complets moutarde à casquettes blanchâtres des foules rastaquouères, et des affreux papiers maculés de mangeaille déshonorant les pelouses de MM. Alphand et Berger.

Oh! l'horripilante impression de Paris envahi, de Paris conquis par la cohue des caravanes yankees! et l'obsession du flambeau géant de la tour Eiffel donc, de la tour Eiffel s'allumant chaque soir au-dessus de la ville en rut, au milieu de la féerie des fontaines lumineuses, groseille, absinthe, orgeat, sirop, limonade, bière, cette apothéose de limonadier.

« Vous avez eu, vous aussi, n'est-ce pas, l'horripilation de tout cela.

« Eh bien! pourtant, dans cette exposition énervante et tympanisante, à la longue, comme un refrain de café-concert (exemple, une ineptie de Mlle Guilbert), se rencontrèrent quelques coins reposants, et cela même jusque dans cette section des beaux-arts, combien déshonorée pourtant par la peinture au kilomètre des Munkacsy, Mackart et autres Brésiliens du pinceau, sans parler des stéarines et des margarines Mouriès, des Bouguereau, ces pédicures, et des Dubuffe fils et Lévy, eux, manicures, entrepreneurs d'éventails... Vous y êtes maintenant. N'est-ce pas, cher ami, qu'il y en avait d'exquis et de vraiment délicats, de ces portraits de femmes à la Décennale, et nous pouvons bien le dire maintenant, ce fut en vérité là le grand charme et la seule excuse de cette exposition d'ingénieurs et de charcutiers. »

Et comme j'opinais gravement de la tête, de Jackels, complètement parti, continuait en emplissant le fiacre de grands gestes :

« C'était, à la section anglaise, la jeune fille en blanc, blanc sur blanc, d'Hercomer. Quelle sincérité, vous en souvenez-vous? la tête peut-être un peu trop poussée et sortant trop en relief du cadre, mais quelle vérité dans le blanc grisaillant de la robe et la matité des chairs, et dans la salle des esthétiques, donc, à côté du fameux roi *Cophétua* de Burne Jones et des allégories de Watts, cette étude de femme du même Watts, de toute beauté celle-là, la beauté d'un primitif où se mêlait, attendrie, je ne sais quelle volupté moderne. Il avait devancé les Rose-Croix, celui-là! *Uldra*, ainsi se cataloguait cette tête enivrante et mystérieuse, apparue dans une gloire rayonnante, nudité de vierge et de déesse à peine esquissée, mais où Botticelli et Prudhon semblaient s'être rencontrés.

« Et à la Suède et Norwège, étonnants de simplicité les portraits de Zorn, Zorn dont la dynastie des Coquelin a depuis tant abusé, et enfin à la section américaine, les belles madames en pied de Sargent, Sargent le portraitiste attitré des princesses du dollar et des milliardaires marchandes de porc salé, *Cincinnati and Chicago-society*. Eh bien, à cette même section américaine, vous souvient-il d'avoir été conduit par moi et par moi arrêté devant deux étonnantes études signées d'un nom presque inconnu alors du gros public et qui depuis, certes, a marché.

« Cela s'appelait la *Maritosa* et la symphonie en rouge et c'était signé...

— Dannat! » m'écriai-je, comme brusquement

réveillé en sursaut, car devant moi, dans le cahotement de ce fiacre banal, je ne sais par quelle puissance de suggestion les deux mystérieuses figures du peintre venaient soudain de s'évoquer.

La symphonie en rouge, je la voyais ; une svelte jeune femme rousse, la peau très blanche, se détachant, debout, en robe de tulle rouge sur un fond de pourpre sombre. Décolletée très bas, elle tournait le dos et, se mirant de profil dans un petit miroir ciselé tenu à hauteur des yeux, elle montrait entre des lèvres minces des dents de jeune loup et l'angle facial d'une tête de bacchante.

Oh ! cette tête à la fois lascive et froide et qu'accentuait encore la rouille exaspérée des cheveux et cette coiffure à la romaine, la toison fauve mangeant presque le front et mordue à la nuque par un grand peigne d'écaille blonde.

Et ce dos savoureux et blanc éclatant en V lumineux dans le rouge du corsage, appelait-il assez les caresses et les brutalités ! Il y avait à la fois, dans cette Américaine, de la Messaline jeune et de la flirteuse des salons de New-York; elle était Yankee et Pompéïenne, excitante en diable et femme avant tout, femme dans le châle de tulle rouge collé sur sa croupe, femme dans les racines de ses drus cheveux roux.

Ce Dannat, un intellectuel et un suggestif, celui-là, sûrement. Sa *Maritosa* était-elle assez conçue dans le même caractère inquétant et voluptueux et voilà que l'irritante figure, tirée des limbes du souvenir, surgissait lentement et se précisait à son tour comme gravée dans mes yeux.

Même profil sensuel et sec de courtisane antique, même carnation de rousse un peu maigre à la peau tendue aux omoplates et au cou sur d'excitantes saillies d'os, même poitrine blanche et plate et, sous l'embroussaillement des cheveux d'un pâle, si pâle or roux, même nuque mystérieuse, désirable, attirante, faite pour les lentes morsures et les savants baisers.

Mais dans la *Maritosa* l'arrangement était d'une perversité plus raffinée encore.

Au lieu de la triomphale robe rouge, un corsage de dentelles noires, sombre écrin de chairs laiteuses, se compliquait sur les épaules d'une mince draperie vert d'eau ; et dans la chevelure mordue par le grand peigne antique de Pompéïes agonisait, au-dessus de l'oreille, une énorme fleur déchiquetée et languide, du même ton défaillant que le châle, vert réséda ou vert de plante fluviale : et voilà que devant ces deux évocations de femmes, fleurs de luxe et de perversité, un peu fantômnales de somptuosité et d'excitante maigreur, me hantaient malgré moi les vers de Baudelaire :

Et cependant à voir la maigreur élégante
De l'épaule au contour heurté,
La hanche un peu pointue et la taille fringante
Ainsi qu'un reptile irrité,

Elle est bien jeune encor! son âme exaspérée
Et ses sens par l'ennui mordus
S'étaient-ils entr'ouverts à la meute altérée
Des désirs errants et perdus.

J'avais parlé haut et de Jackels avait de lui-même terminé la citation.

« En effet, c'était bien une femme de Baudelaire, ces deux portraits de l'Exposition. Vous savez qu'il a tout à fait changé sa manière. Vous qui aimiez la première, son envoi de cette année va furieusement vous intéresser. »

Et à ma demande machinale : « Qu'envoie-t-il ?

— Des Espagnoles », et lisant sur mon visage une imperceptible moue de déception : « Oh ! pas les Espagnoles que vous croyez. Ni boléro, ni castagnettes, ses Espagnoles ne dansent pas, mais, tout assises qu'elles soient, rangées contre un mur de chaux vive, elles donnent avec une inexprimable puissance la sensation de la vie et du mouvement. Mais au fait, vous qui arrivez d'Espagne, son envoi vous enchantera. Il a peint six *Jaleadoras* (les filles qui, dans les posadas et les cafés-concerts, excitent de la voix et de leurs battements des mains l'entrain des danseurs), et ses *Jaleadoras*, il les a peintes assises sur l'estrade et se grisant elles-mêmes du bruit de leur *olle !* et de leurs paumes frappées.

« Très curieux, vous verrez, ça a l'air d'un morceau de nature enlevé dans une pochade, et c'est pourtant très voulu, très composé; en voilà un tableau qui embêtera la petite classe, et d'une simplicité apparente de moyens. C'est tout dans la gamme des blancs crus et des ombres violettes affectionnées par la nouvelle école, avec des transpositions de couleurs obligées, le bleu pour le noir, l'orangé pour le jaune, etc.; mais, au moins, c'est dessiné et, chose amusante, ces six figures qui sentent l'œillet, la poussière et le sang tiède des Corridas, toute la puanteur de l'Espagne, sont tout ce qu'il y a de moins espagnol, ce sont des Tanagra, mon cher, des corps sveltes et souples de nymphes grecques entortillés dans des longs châles, grecques jusque dans leurs attitudes et les gestes de leurs longs bras fuselés.

« Il y en a une, entr'autres, que je vous recommande. Affolée d'entrain, elle se dresse à demi sur les reins en élevant en l'air ses bras nus dans un geste de vestale antique acclamant un vainqueur: toutes les civilisations disparues revivent dans ce geste à la fois primitif et divin : vous le verrez, il y a de la prêtresse et de la lubricité sacrée des anciens temples dans les Espagnoles de Dannat, cette année.

« Mais vous les verrez au Champ de Mars. Ici (et de Jackels, descendu le premier de voiture, réglait la course au cocher), nous ne verrons que des Louisquinzeries célestes d'Aimé Morot et des fleurs en papier des élèves Bouguereau... Je crois, pourtant qu'Henri Martin a exposé. »

Devant le Palais de l'Industrie, d'extraordinaires mondaines (?)... qu'on ne rencontre jamais que ce jour-là, se pressaient, le verbe haut et la tête à l'évent, dans d'étonnants costumes de mascarade foraine qu'on ne voit jamais aussi que ce jour-là, heureusement : manches à gigot, bavettes de guipures, corsages à empiècement de nuances féroces, robes de velours de coton jaune souci ou vert purée, béguins d'or et de perles fausses encasquant des profils de juives invétérées, le bal de l'Opéra tel qu'il devrait être si l'on s'y costumait encore.

C'était bien le Vernissage; nous étions arrivés.

LES NIAIS DE MALHANTOT

A ma Mère.

Une branche de pommier toute fleurie, une délicate attention et un précieux envoi d'une amie américaine à moi, Normand, fils de Normands émigré depuis déjà des années à Paris, une branche de pommier, dont chaque floraison pointant de l'écorce grise semble un flocon de neige à peine teinté de rose, met comme une clarté dans le cadre de vieilles tapisseries de mon cabinet de travail ; et c'est parmi les relents de camphre et de vétiver des tentures, enfin dépliées après trois mois d'absence, une odeur de printemps à la fois fraîche et fine, une odeur de prairie et de verger ; et voilà qu'à la respirer et à l'aspirer le souvenir du pays m'envahit, des paysages familiers de cette Normandie, où je ne vais même plus, s'évoquent frais et trempés de la perpétuelle humidité de la mer et, avec eux, une légende me revient à la mémoire, une pauvre petite légende de mon enfance, un conte naïf à genoux pliés et à mains jointes, comme les érudits et les archéologues en découvraient encore, il y a vingt ans, dans les vantaux de portes des églises de village et les vitraux démaillés des rosaces de chœur.

Elle s'appelait Audeberthe et lui Aldric Levillain : ils avaient grandi ensemble au revers d'une côte d'ajoncs et de genêts, dont les ors mouvants s'enneigeaient en avril de la floraison blanche de pommiers sauvages; car les gens de leur pauvre hameau étaient si rudes et si vides de cervelle, toujours penchés qu'ils étaient depuis des siècles sur leurs filets de pêche ou leurs socs de charrue, qu'ils n'avaient même pas songé à améliorer par des greffes les troncs noueux de leurs enclos, et le cidre qu'ils buvaient, âcre et mousseux comme l'écume de la mer, râclait la gorge et piquait la langue.

A vingt lieues à la ronde, les gens des autres villages tournaient en dérision ceux du hameau d'Audeberthe et d'Aldric, les niais de Malhantôt, comme on les appelait dans le pays, Malhantôt où les filles sont si bêtes qu'au mois de juin, les nuits de clair de lune, elles vont se baigner en troupe dans les champs de lin en fleurs, Malhantôt, où les chrétiens sont de cerveau si obtus et si dur à la compréhension des textes que, lasses de convoquer des sourds, les cloches de leur église les ont abandonnés et que leur curé les a suivies de désespoir de prêcher des ânes.

C'était sur Malhantôt et ses paysans les dictons en cours dans toute la contrée, et le fait est qu'ils étaient, les pauvres, les plus gueux de toute la côte : pour eux la mer avait moins de poissons et la terre moins d'épis, leurs labours faisaient mal à voir en octobre, tant il y fourmillait de gernottes, et leurs récoltes faisaient pitié, en août, tant il y avait de mauves et de coquelicots à la place de blés et de seigles mûrs. Quant aux champs de lins en fleurs ,c'étaient surtout des thyms et des chardons qui poussaient sur leurs terres et le premier dicton mentait comme un serment de prévôt ; mais il y avait du vrai dans le second. Les cloches n'avaient pas précisément abandonné Malhantôt et sa population de niais, mais, par sottise et par frayeur, les Malhantôtais , lors de l'apparition des pirates Northmans sur la côte, les avaient noyées, submergées, enfouies dans le glauque mystère des eaux avec les ornements consacrés, les ciboires, les calices et le petit trésor de l'église pour les soustraire à la rapacité des pirates ; et leur clocher depuis déjà des siècles se dressait muet et morne au-dessus d'un autel sans prêtre et d'un chœur sans messe, il tombait même en ruine, le clocher de Malhantôt : les hirondelles, qui sont les oiseaux aimés de Dieu et se plaisent aux sonneries saintes, l'avaient déserté, les chauves-souris y nichaient et c'était le soir, au crépuscule, entre l'or brun des ravenelles, des vols lourds et zigzaguants d'ailes velues et diaboliques, dont les croyants étaient marris.

Pauvres croyants de Malhantôt, il leur fallait, les dimanches et les jours fériés, pour entendre la messe, cheminer des lieues à travers les bois et les récoltes, l'été en plein soleil, l'hiver sous la neige, à travers les bourrasques, gagner quelque lointaine église de village hostile, et là assister à l'office dehors, à genoux sous le porche, au milieu des quolibets des filles folles et des mauvais garçons; car partout on se faisait un jeu de ne pas laisser pénétrer dans la nef ces niais du pays sans cloches, et les plus dévôts d'entre eux, à force d'être rebutés et par Pierre et par Jacques et de n'attraper que des bribes de messe avaient fini par oublier le chemin des chapelles et, à mesure qu'on oubliait à Malhantôt les versets des psaumes et la bonne parole, on y était tombé dans le désordre et l'esprit de querelle et de fornication.

Et c'était là la grande affliction d'Audeberthe, laquelle avait été élevée par une aïeule pieuse, de voir l'église de son pays sans culte, son clocher sans cloches, et les gens, avec qui elle vivait, pareils à des parias, à des chiens maudits, méprisés de tous et devenus pour la plupart des mécréants.

C'était une âme simple et pourtant pleine de

mystère ; elle avait perdu sa mère très jeune et, élevée par une dolente et vieille aïeule, bouche édentée marmottant sans cesse de balbutiantes prières, elle avait grandi dans la solitude en tête à tête avec l'idée de Dieu. L'humble métairie où elle était née se trouvait à l'écart du village, à la lisière de l'antique forêt de Rouvray, qui venait mourir après avoir couru durant des lieues, juste à l'orée du pays ; et les tristes années de sa première enfance, Audeberthe les avait passées à garder les oies de son père, debout sur un grand plateau isolé dominant d'un côté de longues ondulations bleues sous un ciel éternellement gris, l'océan, et de l'autre des moutonnantes vagues vertes au printemps, jaunes en automne et grises en hiver, la vieille forêt de Rouvray.

Autour d'elle ses oies tendaient leurs longs cous de bêtes sacrées, et la fille, une baguette de coudrier à la main, dans la pose attentive et songeuse d'une figure sculptée, écoutait bruire et chuchoter le vent, l'oreille penchée tantôt dans la direction des falaises, tantôt vers les frondaisons bruyantes de la forêt, cherchant à distinguer le son lointain des cloches, des cloches englouties, submergées depuis déjà trois siècles sous les vagues de la mer ou sous les eaux dormantes de l'étang ; car la tradition ici s'obscurcissait, devenait trouble, et l'on ne savait au juste où les niais de Malhantôt avaient noyé leurs cloches, dans l'étang ou dans la mer, et depuis trois cents ans l'incertitude où l'on était de retrouver les belles dames de bronze avait empêché toutes fouilles, et depuis trois cents ans les rayons de la lune, la pluie et la neige habitaient seuls leur cage à l'abandon.

Claire, la *Tonnante* et l'*Argentine*, la légende avait conservé leurs noms, et c'étaient ces trois noms que balbutiaient et qu'imploraient perpétuellement les lèvres d'Audeberthe, durant ses longues heures de garde au milieu des ajoncs sur les côtes arides, ses yeux ardents de paysanne pieuse fixés sur la fuite éternelle des nuées.

Ces belles dames de bronze disparues, Audeberthe, à force d'y songer, *les jours* sur le plateau et les nuits dans sa cabane, s'était mise en tête de les retrouver ; une conviction s'était installée dans son cœur, qu'elle était l'élue de Jésus et de Madame Marie, qui découvrirait la *cache* où se taisaient les trois bavardes endormies, et c'était elle, Audeberthe, la fille à Nicolas Sourdois et à Mengeotte Lehideux, qui ramènerait dans le clocher restauré et en fête les trois carillonnantes dames, et avec elles l'honnêteté, le bien-être et la pratique des vertus oubliées dans ce hameau de chiens maudits.

Et dans son inébranlable foi, elle errait le long des jours, une éternelle oraison aux lèvres, ses deux mains jointes appuyées sur son cœur, écoutant bourdonner et sonner au fond d'elle-même la voix rédemptrice des cloches et s'indignant parfois de les entendre carillonner si clairement dans son rêve, sans pouvoir deviner où leurs battants sonores sommeillaient ensablés, dans les roseaux ou dans les algues? dans l'étang de Rouvray ou dans la mer? et quand le vent de l'Ouest faisait rage et qu'avec un bruit d'enclume l'océan démonté battait la base des falaises, Audeberthe alors croyait entendre les cloches disparues haleter dans les vagues; c'étaient leurs bourdons secoués par la tempête qui chantaient la messe au fond du gouffre et retentissaient en échos sur les plages, et, défaillante de joie, Audeberthe s'agenouillait au milieu de ses oies tassées de frayeur autour d'elle, et des flocons d'écume voletaient par la campagne et ses cheveux dénoués ruisselaient d'eau salée, semés çà et là de blanches fleurs. D'autres fois, à la fin mars surtout, le vent d'Est avec des sautes brusques courait à travers les vallées, et toute la forêt voisine piquée du vert des premiers bourgeons bruissait comme une soie déchirée. De son plateau solitaire, Audeberthe regardait ondoyer à perte de vue les cimes violacées de jeunes pousses et, comme des appels montaient de ces verdures tendres à travers lesquelles son oreille extatique percevait de vagues angelus, de douces sonneries des fêtes et un attendrissement l'inondait tout entière à entendre ainsi *Claire* et l'*Argentine* tinter gaiement auprès de *Tonnante* encore ensommeillée dans le fond de l'étang, mais les vents faisaient trêve, les voix se taisaient dans l'air calme, de vilains bruits de querelles entre gars et de scandales de filles mises à mal montaient du village jusqu'à la cabane d'Audeberthe ; le clocher de l'église demeurait toujours vide et une grande pitié pleurait en elle à cause de la mauvaise vie des gens de son village et de l'impiété de ce pays. Une grande détresse la prenait aussi depuis si longtemps qu'elle avait espérance et foi dans le seigneur Jésus et Madame Marie et que les printemps succédaient aux hivers et les automnes aux étés sans apporter de changement à ce triste état des âmes ; et des larmes coulaient le long de ses joues brunes, hors de ses yeux d'attente et de prière, que le ciel et la mer si longtemps contemplés avaient fini par rendre bleus, du bleu profond, changeant, tour à tour clair et sombre des vagues bleues et des bleus horizons.

L'impiété de ce village sans cloches et sans Dieu, c'était là le grand chagrin d'Audeberthe et c'était aussi la grosse peine de cœur d'Aldric Levillain. Depuis quinze ans qu'il grandissait près d'elle dans le même coin de terre oublié, il avait fini par aimer d'un amour instinctif et profond cette frêle figure de petite fille immuablement debout sur ses horizons. Elle avait été la première vision de son enfance alors que, chétif orphelin élevé par charité dans la maison de son oncle, il avait pour emploi d'effrayer les oiseaux voletant au-dessus des champs ensemencés et passait ses journées à les chasser à coups de pierres, les chevilles enfoncées dans la boue des sillons. Même un jour un des cailloux lancé par le jeune garçon avait atteint la fillette à la tempe, une maladresse du petit *gardeux de semailles* dont Audeberthe portait la cicatrice sous ses bandeaux couleur de chanvre. Ce mal involontaire fait à la petite meneuse d'oies l'avait rempli pour elle d'une étrange amitié, d'une sorte de vénération tendre qui n'avait fait que croître avec les années à mesure qu'ils grandissaient, elle, de plus en plus pâle et de plus en plus frêle dans ses jupes de bure effrangée, lui, plus agile et plus musclé dans ses sayons de lin grisâtre.

Depuis quinze ans qu'il la voyait errer dans la tristesse des petits jours, comme dans la splendeur des crépuscules, ou rêver, adossée, sa quenouille au corsage, son fuseau à la main, contre quelque vieux tronc à silhouette de spectre, elle avait fini par entrer dans ses yeux et de là si profondément dans son être, qu'il ne pouvait la détacher du décor familier des falaises et des fermes; elle faisait pour lui partie du paysage, elle en était l'âme errante et la vie incarnée dans cette forme un peu gauche de fillette sans hanches; et maintenant qu'adulte et valet de charrue, il passait les jours derrière les grands bœufs de son oncle à pousser dans la terre résistante l'effort du soc pesant, une angoisse l'oppressait quand ses yeux ne rencontraient pas à la lisière des champs la silhouette attentive de la jeune fileuse. La fille menait maintenant des moutons au lieu d'oies, étant elle aussi devenue grande, et les siens l'envoyaient souvent paître son troupeau aux abords de la forêt, où l'herbe était plus drue; et Aldric, ces jours-là, pesait moins lourdement sur le fer de sa charrue, et les sillons se creusaient moins profonds, la pensée du laboureur courant après la pastoure absente.

Et c'était-là la grosse peine d'Aldric, ce regard toujours ailleurs, en prière à Madame Marie ou en souci des cloches, des yeux bleus d'Audeberthe, des yeux lointains toujours partis dans les nuages, quand ils ne fixaient pas impatiemment la forêt ou la mer : les siens à lui avaient beau la requérir d'amour, toute l'ardeur de son être remontée dans leurs prunelles brillantes, Audeberthe ne le voyait pas, elle ne l'entendait pas davantage, l'âme toujours aux écoutes de ses cloches. Elle abandonnait bien, souriante et passive, ses petites mains rugueuses à celles du jeune garçon, mais ses doigts inertes ne répondaient à aucune étreinte et, les soirs de mai, le long des haies d'aubépines en fleurs, quand enhardi par le printemps et la solitude, le jeune laboureur allait hasarder quelque aveu, sa voix tout à coup s'étranglait dans sa gorge et il ne trouvait plus un mot auprès de cette fille immobile au regard visionnaire, qui l'écoutait comme au fond d'un rêve, il ne savait quelle éternelle prière aux lèvres.

Il y avait des minutes où il aurait préféré la savoir morte, des jours où il avait souhaité voir à jamais clos ces grands yeux de mystère, d'une fraîcheur pourtant de bleuets dans les blés, fleurs de mensonge aussi puisqu'ils ne voulaient point révéler leur secret. Ils étaient doux, ces yeux, comme le ciel d'avril en même temps qu'inquiétants comme les vagues, et dans son pauvre petit visage émacié de voyante, tout brûlé par le hâle, ils luisaient étrangement, transparents comme de l'eau et purs comme les étoiles.

Il y avait des jours où il aurait voulu pouvoir oser crever ces yeux.

Dans le village on bafouait ce garçon toujours pendu après les jupes de cette simple, l'*idiote à Sourdois*, comme l'appelaient du nom de son père les niais eux-mêmes de Malhantôt. Les soirs, par les venelles fleuries, les filles lui éclataient de rire au nez et, les dimanches, il n'osait passer devant les cabarets par honte des vilains propos des garçons, et il était la fable de tout le village à cause de son visible amour pour la petite bergère, qu'il aurait dû culbuter depuis longtemps derrière une haie, comme ils en usaient tous, eux, les promis du pays, avec leurs promises ; et c'était, parmi cette population grossière et dissolue comme un complot monté contre la virginité d'Audeberthe. Sa sainteté d'âme pieuse mettait tous ces loups et toutes ces chiennes aux abois, et c'était autour de leur naïve idylle un déchaînement de si basses convoitises, que des garçons avaient pris à part Aldric pour le prévenir qu'ils se chargeraient, eux, de la besogne, si lui ne la faisait pas ; et depuis cette ignoble menace, le valet de charrue avait en effet surpris plus d'un équivoque rôdeur autour d'Audeberthe, et, à la tombée du jour, quand la bergère ramenait ses moutons vers l'étable, des formes la suivaient en se baissant le long des haies, que la voyante, elle, ne voyait pas, mais dont les ombres poignaient le pauvre Aldric de colère et d'angoisse.

Alors commença pour le jeune garçon une si dure épreuve de jalousie, de transes et de terreurs, qu'après six mois de surveillance, affolé du danger, exaspéré de perpétuels soupçons et peut-être enfin brûlé par la luxure de ce pays de gouges et de brasseurs d'enfants, le valet de charrue se décida enfin à la vilaine action, et cela moins, qui sait, ô sainte dame Marie, pour contenter son désir que pour recouvrer le repos de son âme, moins pour retrouver le calme de son cœur que pour sauver la frêle et douce Audeberthe de quelque affreuse violence, éviter à la vierge l'infamie d'un viol ou d'une plus atroce trahison.

Le Malin, qu'offusquait depuis seize ans l'innocence de leur amour et qui souhaitait ardemment leur perte, souffla toute sa malice dans l'esprit du garçon. Comme il craignait pour l'accomplissement du mauvais dessein le mystérieux pouvoir des yeux bleus d'Audeberthe, il persuada à Aldric d'emmener la fillette au cœur de la forêt, au plus épais des fourrés et des chênes, où les feuilles font de la nuit verte; là, le regard de la voyante perdrait toute puissance, puisqu'il ne la verrait pas et, pour amener la fillette à suivre le gars dans les bois, il eut l'infernale idée d'abuser de l'état d'esprit de la visionnaire en flattant sa manie de retrouver les cloches. C'est ainsi qu'un clair matin d'avril, le matin même du saint jour de Pâques (car le Malin a toutes les audaces et se plait à faire tomber la créature de Dieu aux heures de triomphe de l'Eglise), c'est ainsi donc qu'un clair matin d'avril Aldric abordait la pieuse Audeberthe auprès du puits où, chaque jour, elle allait puiser l'eau du ménage et, s'accoudant à la margelle : « M'est avis que j'ai fait un bien beau songe cette nuit et plût à Dieu qu'il fût vrai, car tes tourments seraient finis, Audeberthe » ; et comme la fille levait sur lui ses grands yeux couleur d'eau : « Je les ai vues, tes cloches, *Claire*, *Tonnante* et l'*Argentine*, celles que tu guettes tous les jours et la nuit aussi, aux écoutes, je les ai vues qui traversaient l'air calme, toutes les trois, par rang de taille ; elles revenaient de Rome avec les autres cloches, celles de Nortics-les-Audraies, celles de Manneville, de Naucotte et de Viport; il y avait là toutes les cloches des églises de vingt lieues à la ronde ; elles revenaient de Rome et regagnaient leurs clochers, une vraie procession dans l'air, et sais-tu où les trois nôtres sont descendues ?... » La bergère avait joint les mains et, ses grands yeux fixés pour la première fois sur ceux de son compagnon, dépêchait tout bas une ardente prière : « Sais-tu où je les ai vues descendre, comme je te vois » poursuivait le garçon « pas dans la mer, comme on le croit, mais là-bas sur la forêt.

« Je voyais leurs dos de bronze luire sous le clair de lune, on aurait dit trois grosses mouettes s'abattant sous le vent, je les ai vues s'enfoncer là, du côté de l'étang. Si mon rêve était vrai, je saurais bien où les retrouver, les cloches ! Si elles dorment quelque part par ici, ce n'est pas aux poissons de mer qu'elles chantent la messe, mais aux grenouilles et aux goujons. » Et la fileuse de lin, le regard perdu dans le bleu léger de ce beau matin de Pâques tout frissonnant de soleil et de lointaines, oh ! si lointaines sonneries, avait placé sa main dans celle du valet de charrue et avait dit : « Allons ! »

Et ils étaient entrés tous les deux dans les bois : les bois ensoleillés, odorants et complices, les bois tout fleuris de primevères et d'anémones grêles, dans les bois embrumés, comme d'une buée verte, par le vert attendri des jeunes feuilles naissantes ; et, dans le clair obscur des chênes encore tardifs et des châtaigniers, tout criblés de pousses, elle s'émerveillait du givre des cerisiers sauvages neigeant à côté du floconnement rose des églantines en fleurs ; elle s'émerveillait, l'oreille tendue vers la voix des cloches, comparant dans sa foi naïve la forêt verte en fête à quelque cathédrale de parfums et de songes toute flambante de cierges, toute fumante d'encens, et ses pieds nus se hâtaient, heureux, sur le velours des mousses, comme pour une entrée dans le Paradis ; et lui, tout vibrant de désir de la sentir seule, si près de lui, dans la fraîcheur des feuilles, haletait silencieux, le cœur dans un étau et la gorge sèche, et des bouffées de chaleur lui montaient aux tempes à voir, sous la chemise de grosse toile entr'ouverte, après le cou tout mordu par le hâle, s'affirmer les rondeurs d'un corps souple et blanc, et, comme une bête fauve, il jetait déjà des regards torves à droite et à gauche, enhardi par la solitude, guettant l'occasion, la place, un lit de mousse ou l'ombre d'un taillis, pour y coucher la fille et y étouffer ses cris, et déjà le Malin ricanait dans les feuilles, quand tout à coup on entendit des cloches.

Audeberthe et Aldric s'étaient arrêtés brusquement. Une immense ondulation de bronze emplissait la forêt, inclinant tout sur son passage, les cimes d'arbres et les brins d'herbes; trois voix sonores alternaient l'une après l'autre, deux voix claires et joyeuses auprès d'une autre retentissante, et toutes les trois chantaient, lancées à toutes volées avec des vibrations d'enclume, des éclats de fanfare à travers les champs ; une carillonnante allégresse courait, planante sur toute la contrée et c'était dans le ciel implacablement pur un hymne de délivrance, un hosanna d'amour au soleil, à la nature, à Dieu. Audeberthe et Aldric étaient tombés sur les genoux et le Malin ne ricanait plus dans les feuilles ; les deux enfants avaient reconnu les cloches.

Ils les trouvèrent surnageant, comme trois énormes fleurs de bronze, sur les eaux tiédies de l'étang : engluées de vase et verdies, leur métal luisait par place sous le soleil ; leurs battants noirs flottaient, tels les gros pistils d'une flore inconnue, entre les lentilles d'eau et les feuilles de nénuphars ; un orage d'harmonie grondait sur leur passage et c'était dans toute la forêt comme une musique orchestrée de cuivres et d'instruments à cordes, dont la sonnerie des trois cloches nageantes était le cantique et le chant. Audeberthe et Aldric s'étaient arrêtés sur le bord, la main dans la main, tous les deux redevenus plus purs qu'aux premiers jours de leur enfance et le cœur noyé d'une extase heureuse.

Les gens du pays, accourus dans la forêt à l'appel retentissant des trois dames de bronze, les trouvèrent tous deux, priant agenouillés parmi les oseraies de la rive ; ils reconnurent alors que rien ne peut prévaloir contre la volonté du Seigneur, que Jésus habite au fond des cœurs purs et que les simples ici-bas détiennent dans leurs mains le pouvoir mystérieux qui commande au monde ; ils placèrent sur de grands chariots les trois cloches retrouvées et les ramenèrent au village avec des chants et des prières, dont le souvenir leur était soudain revenu.

Le clocher muet depuis trois siècles retentit à son tour de joyeuses sonneries de messes et de baptêmes, de carillons de fêtes, de glas mélancoliques et de doux Angelus ; les chauves-souris l'abandonnèrent et son vieux toit abrita de nouveau des nichées d'hirondelles. *Clairs, la Tonnnante, et l'Argentine* chantèrent à toutes volées sur les noces d'Audeberthe et d'Aldric, elles sonnèrent plus joyeuses encore à la naissance de leurs enfants et pleurèreut doucement à l'heure chrétienne de leur mort ; le Malin ne ricana plus désormais dans les feuilles, à l'orée des chemins et derrière les haies, dans Malhantôt racheté, et les dimanches de Pâques, les trois cloches fidèles, quand on les écoute bien, égrènent dans le vent les trois courtes syllabes du doux nom d'Audeberthe.

UN ETRANGE JONGLEUR

Chez Durand-Ruel, à l'exposition des Odilon Redon, une entre toutes bizarre lithographie : une surhumaine tête d'angoisse, exténuée, désespérément lasse, se dresse au milieu d'un morne paysage, tout de noir de suie et do fumée, ces noirs dans lesquels excelle le maître. Un disque énorme qui fait songer à quelque cymbale magique s'arrondit dans l'axe des épaules de l'étrange jongleur, car ses mains projettent autour de lui une lumineuse ellipse d'astres en fusion, de radieux météores toute une montée d'orbes incandescents faisant arc au-dessus de sa tête ; et le jongleur, ébloui, épuisé sous le poids et l'éclat agonise et s'affaisse, toute sa face tiraillée demande grâce, son labeur surhumain est au-dessus de ses forces, et sous son front crispé un de ses yeux démesurément agrandi est prêt à jaillir de l'orbite, prêt à éclater et à sauteler comme un crapaud hors des paupières déchi rées par l'indicible hypnose d'on ne sait quelle vision.

C'est d'un symbole désolé et terrible, c'est la déformation fatale, inéluctable, du cerveau humain en proie à l'idéal, la vérité rendue tangible de la folie mère de l'extase. « *Excelsior* ! *excelsior*? Plus haut, toujours plus haut ! plus haut encore ! » s'écrie le penseur avide de l'air libre des sommets, et il gravite éperdu vers les cimes, au milieu d'éblouissantes rotations d'astres, et dans sa fièvre de songe et de savoir il jongle avec le feu du ciel, les comètes flamboyantes et les pures étoiles, jusqu'au moment où il tombe sur les genoux, éborgné ou aveugle, mutilé, estropié par l'idéal même qu'il croit atteindre et qui l'anéantit.

Et devant cet étrange jongleur je ne pouvais m'empêcher de songer à Odilon Redon lui-même, à ce visionnaire exacerbé, dont le dessin si sûr qu'on le croirait emprunté au Vinci en arrive à la déformation du type humain la plus sinistre, et c'est bien d'un œil éborgné par la lumière que l'artiste a créé toute cette impressionnante et funèbre population de larves et de goules, de spectres et de monstres qui fleurissent dans l'atmosphère opaque et vénéneuse de ses effroyables dessins.

Le catalogue seul épouvante; lisez plutôt cette nomenclature : le *Masque de la mort rouge*, la *Désespérance*, le *Secret*, *Couple pervers*, *Polype de rêve*, *Elixir de mort*, *Œil pavot*, *Tentation*,

Lune noire, *Araignée en pleurs*; ne croirait-on pas feuilleter la table des matières d'un volume inconnu d'Edgar Poë, et le fait d'avoir trouvé ces titres ne décèle-t-il pas une âme de mystère enivrée de terreurs et d'infini !

D'autres, un autre surtout, M. Joris-Karl Huysmans a buriné dans un verbe inoubliable les affres morbides de *[illegible]ur de marécage* et de *Caliban* ; il a dit comme personne le désert d'eau trouble et saumâtre au milieu duquel une tige se dressait, supportant comme une hostie, comme une fleur ronde, une face exsangue aux traits pensifs.

Et cette impression du *Caliban* :

« Un œil blanc roule dans un pan de ténèbres,
« tandis qu'émerge d'une eau souterraine et glaciale
« un être bizarre, un amour vieilli de Prud'hon, un
« fœtus du Corrège, macéré dans un bain d'alcool,
« lequel nous regarde en levant le doigt, et plisse
« sa bouche en un mystérieux et enfantin sourire. »

Tout l'art d'Odilon Redon, toute sa vision et tout son rêve d'étrange jongleur épris de tristesse et de symbolique laideur tiennent dans ces quelques lignes de *l'Art moderne*, et pourtant non, car à côté de cauchemars comme le *Glas funèbre* (une énorme cloche de cathédrale mise en branle par la main d'ossements d'un squelette, un squelette jusqu'alors non vu, une seule vertèbre ondulant dans la nuit comme un immense ténia et dont un masque sans bouche, un horrible loup de bal masqué, dérobe le crâne ricaneur), à côté donc de ces cauchemars grouillants de vibrions et de volvoces, de tous les animalcules que révèle la loupe et de toutes les larves de la magie noire, que de sereines et hautaines visions, que d'intellectuelles et sublimes splendeurs !

Ce sont d'abord ces sévères et purs profils de femmes, ces têtes laurées d'impératrices, diadémées de reines moyenâgeuses comme il en règne encore sculptées à mi-hauteur des piliers de cathédrales ; toutes ont la dureté de la pierre, l'inflexibilité du sourire et du regard comme figé sous des paupières roidies : toutes sont filles de Baudelaire :

> Je hais le mouvement qui déplace les lignes
> Et jamais je ne pleure et jamais je ne ris.

Une lueur d'en haut baigne les méplats de leur front obstiné, et je ne sais quoi d'invariable les fait fatales et éternelles sous le reflet d'or dont quelques-unes apparaissent saurées, telles des princesses byzantines, ou sous la pâleur exsangue dont d'autres rayonnent, tels des cadavres devenus momies dans les baumes et les fards.

Elles sont toutes comme lapidifiées et pourtant on sent qu'elles vivent de la vie formidable des idées ou des idoles, et, quoique fantômnales, toutes ont ce profil arrêté de l'*Ange de la certitude* et de *Lénore apparaissant sur le noir soleil de la mélancolie*, *Lenore et l'Ange*, ces deux sublimes entités d'Edgar Poë ; mais le talent de Redon s'adoucit encore dans la *Vierge d'aurore* et la tête intitulée les *Yeux clos*. C'est la suavité monastique d'un Pérugin et la volupté presque attendrie d'un Prud'hon ; tout le charme pénétrant des têtes néo-grecques émane, tel un fluide, de l'ovale des visages et de la chaste retombée des paupières, et tout cela flotte dans un hâlo de lumière dont le peintre anglais Watts avait seul, jusqu'ici, je croyais, le secret.

M. Odilon Redon nous gardait encore d'autres surprises, celles de ses paysages si nostalgiquement mélancoliques et puissants. Il y a de lui, à cette exposition, des dessous de bois et des troncs d'arbres, des arbres centenaires tordus et musculeux dont l'écorce crève de sève et qui font songer à des forêts abolies, des forêts à la fois de rêve et de nature, comme devaient en pousser les Gaules et la Germanie avant l'invasion romaine, de ces forêts éternellement crépusculaires comme celles dont Siegfried écoute les murmures dans la légende des *Niebelungen* et traverse les impénétrables taillis pour aller tuer le dragon Fafner.

Et dans le clair-obscur de ces Brocéliande Odilon Redon, influencé malgré lui par son siècle, évoque à demi vivantes et demi-ramifiées d'enivrantes filles-fleurs ; plus loin, dans ce chevalier armé et casqué, arrêté à la lisière d'un grand bois de chênes, comme attentif à des voix lointaines, comment ne pas reconnaître Parsifal aux écoutes ou le Tannhaüser charmé par les appels du Venusberg ?

Dès qu'Odilon Redon s'attendrit, s'humanise et revient à la nature, on dirait qu'il illustre inconsciemment l'œuvre géante de Wagner. Sans personnages, ses paysages pénètrent plus encore. Il y a de lui trois arbres, trois fûts de colonne réunis en tuyaux d'orgue qui font songer à la forêt de Merlin, et je sais un marécage ou plutôt une flaque d'eau miroitante au pied de fortifications vagues, intitulé *Lune noire*, qui résume en l'affinant encore toute la mélancolie de certains Cazin.

Cette *Lune noire* appartient d'ailleurs à M. Charles Hayem, comme beaucoup de dessins exposés rue Laffitte ; le haut commerce juif monopolise en effet depuis quinze années tout ce qui, en peinture comme en sculpture, paraît devoir doubler et tripler de valeur aux enchères de la postérité. Servis par un flair de brocanteurs, MM. Hayem, déjà nommé, et Ephrussi n'ont-ils pas accaparé tous les Gustave Moreau du marché, après avoir manqué, l'un, le coup des Millet, et réussi, l'autre, le coup des Baudry ? Aussi est-ce une joie pour nous de voir dans cette exposition des Redon quelques pièces aux mains de véritables artistes comme MM. Stéphane Mallarmé et Huysmans, de critiques éclairés comme MM. Roger Marx et Mellerio, d'amateurs désintéressés comme MM. le comte A. de La Rochefoucauld et l'avocat Picard.

Le hasard parfois justicier a voulu que la plus belle œuvre de l'exposition fût dévolue à M. de La Rochefoucault lui-même, cette étonnante composition du *Chevalier mystique*, ce terrifiant dialogue comme sculpté dans le granit, dont les demandes et les réponses ont été si curieusement notées par Jules Bois :

LA CHIMÈRE

Mystique chevalier, toi qui tiens dans tes serres
La tête aux grands yeux clos comme une fleur de deuil,
Et t'arrêtes, autoritaire, sur le seuil
D'un Temple noir que garde une calme Chimère,

Mystique chevalier, d'où viens-tu? Quel forfait
Salutaire et cruel durcit ton âme pure?
Tu vas, ô Ténébreux! d'une infaillible allure
Et tu veux frénétiquement ce que tu fais.

Et quand l'adolescent casqué a raconté à la déesse accroupie sous le porche sa lassitude de marcher sur la terre stérile, sa lassitude du scepticisme vil et de la foi absurbe, l'inutilité de ses recherches à travers le monde, la cendre de son cœur orgueilleux et chaste et sa seul soif de pénétrer l'abîme, l'abîme auquel il a sacrifié sa maîtresse, dont il porte à la main la tête coupée.

Attestant l'atroce héroïsme et la profonde
Volonté d'asservir toute lâche bonté,

la Chimère aux yeux pétrifiés lui répond :

Terrible adolescent, j'ai peur de ton courage !
Le Temple noir est bien ouvert à ton désir,
Mais avant d'épouser l'ivresse de mourir,
Rappelle-toi mon cri de pardon qui t'outrage.

Rappelle-toi que Dieu se révulse à l'horreur
Du sang tout répandu des blessures béantes,
Que le Très Dur est doux, même dans ses tourmentes,
Que seul est pur le sacrifice intérieur ?

Ne coupe plus la tête aux tristes pécheresses ;
Sois pitoyable au cœur débile et débauché
Et, si tu dois frapper le mal et ses paresses,
Ne sois jamais que le bourreau de ton péché !

rendant intelligible à la foule le plus beau peut-être de tous les concepts de ce visionnaire d'au-delà qu'est Odilon Redon, bien *étrange jongleur.*

DOLMANCÉ

Pour L. W. Hawkins.

« Sadique, sadique, on croit avoir tout dit quand on a épinglé cette épithète au dos du premier maniaque... je veux dire du dernier maniaque venu... Parole d'honneur, c'est à hausser les épaules ou à se tordre? » Et d'un coup de pouce étalant sur la table le jeu de cartes qu'il était en train de battre : « Les Anglais sont autrement forts que nous sur ce chapitre » et les lèvres tirées par un équivoque sourire, notre hôte Gérard Asseline continuait à échelonner sur le tapis vert les rois de cœur et les as de pique de sa réussite solitaire.

Dehors le vent soufflait en bourrasque et la mer striée d'écume, à la fois verte et blanche sous un ciel couleur d'écaille d'huitres, se démenait avec un bruit sourd entre les deux hautes falaises toutes ruisselantes de pluie : il pleuvait depuis le matin, il avait plu encore la veille et, retenus à la villa des Saules par de torrentielles ondées d'équinoxe, voilà deux jours que nous nous cantonnions désespérément, mélancoliquement, essayant de tuer le temps et de tromper notre ennui par de successives parties de baccarat, dans le grand hall, transformé en salon de jeu, de la villa.

L'heure du courrier apportait seule une diversion à la monotonie de nos occupations, jetant au milieu de notre lassitude l'imprévu des lettres particulières et les racontars plus ou moins frelatés des journaux. Or, le courrier venait d'arriver : comme la veille, avides de nouvelles, nous avions déployé fièvreusement les feuilles, tandis qu'Asseline assez indifférent tentait une illusoire patience avec les cartes du baccarat soudain abandonné.

Georges Moor, Jacques de Tracy et moi, préoccupés de l'affaire Bloch, venions avec un ensemble touchant d'en lire le jugement et c'est ce jugement que nous discutions à voix haute, d'une extrémité du hall à l'autre, des divans respectifs où nous nous étions étendus, et c'est cette discussion, malgré nous passionnée et toute d'indignations frémissantes, que le flegme indolent d'Asseline venait de doucher de toute la froideur de sa phrase railleuse.

« Les Anglais sont autrement forts que nous sur ce chapitre. » Mais, comment rendre le geste fatigué de notre hôte et le dédain somnolent de sa voix.

Et, comme nous nous récrions tous, trop heureux et flattés, disions-nous, de céder là-dessus la supériorité aux sujets de sa gracieuse majesté.

— Vous avez tous lu *la Faustin*, poursuivait tranquillement Asseline, question à laquelle Charles Moor, ayant répondu par un vibrant : « Ah ça, pour qui nous prends-tu donc ! » Asseline avait un mystérieux sourire et, tout en arrangeant ses cartes :

— Et vous vous souvenez tous de l'honorable lord Selwyn, l'inquiétant et fuyant personnage de la fin du volume, et du scandale soulevé, lors de l'apparition du livre, autour de ce nom !

Nous nous étions tus tous les quatre, ne sachant où voulait en venir Asseline ; lui s'était levé, était allé à sa bibliothèque, et prenant dans un rayon une merveilleuse reliure en peau de truie, feuilletait une minute, et d'une voix devenue mordante, il lisait maintenant, détachait et mettait en valeur tous les mots, l'épaule accotée à l'angle de la bibliothèque.

— *Au fond, décidément, qu'est-ce votre ami Selwyn ?*

Lord Annandale, occupé à allumer son cigare, en tira lentement une bouffée, regarda sa maîtresse en plein visage, et dit :

— *Georges Selwyn... c'est un sadique.*

Et sur une muette interrogation des yeux de Faustin, il ajouta :

— *Oui, un homme aux amours... aux appétits*

des sens déréglés, maladifs... Mais qu'est-ce que vous..., qu'est-ce que nous fait sa vie ?

Et il se mit à se promener dans le salon en laissant tomber de sa bouche :

— Une grande... une très grande intelligence... un savoir immense et un vieil ami de jeunesse.

Et puis, là-dessus, un silence.

— Sortez-vous aujourd'hui, Juliette ? fit-il au bout de quelques instants.

— Non !

Sur ce non, lord Annandale se dirigea vers les écuries.

Et avec un bruit mat Asseline refermait le livre de M. de Goncourt. Le charme évocatoire de ces quelques lignes lues à voix haute avait opéré. Nous avions tous maintenant présent à la mémoire, et dans les moindres détails, le louche et mystérieux ami de lord Annandale : nous revoyions tous et la fleur rose de sa boutonnière à la queue baignant dans un flacon plat caché sous le revers de l'habit, et son front d'hydrocéphale et sa figure de vieille femme, jusqu'à ses vêtements prétentieux et tachés et ses mains desséchées se terminant aux deux petits doigts par deux ongles enfermés à la chinoise dans un étui de métal.

Entre temps, la pluie avait cessé de tomber et, par la large baie window de l'atelier, la plage, tout à coup baignée de soleil entre la double avancée des falaises, celle d'amont et celle d'aval, apparut lumineuse et comme transparente dans le brusque bleuissement du large !

— Et dire que dans ce décor d'opéra comique, ricanait notre hôte et lecteur Asseline, on est parfaitement exposé à croiser le spectre à demi rassurant de l'honorable Georges Selwyn !

— Comment ici, à Etretat même, entre la silhouette autrefois romantique d'Hamlet Faure et le vivant souvenir de Guy de Maupassant ?

— Mais oui, mais oui, persiflait Asseline avec un clignement d'yeux à mon adresse, il y a quelque trente ans, un homme d'allures étranges venait s'établir à Etretat, pas l'Etretat d'aujourd'hui, où les femmes se baignent en bas de soie de couleur, mais Etretat simple hameau de pêcheurs, des masures et des vergers ; et c'est dans une vraie chaumière à toit de chaume, au beau milieu d'un préau de pommiers que s'installait notre inconnu. Mais devant les yeux s'étendaient l'horizon que voici et tout à l'entour de profondes cavées, les chemins creux ombragés et toujours frais, même au moment de la canicule, que forment les hauts talus, plantés de hêtres et de frênes, de ce pays.

« En pleine verdure, comme je suis ici, à mi-vallée et déjà loin de la mer, une vraie retraite d'artiste ou de grand seigneur épris de solitude.

« Aucun changement ne fut opéré par le nouveau propriétaire, l'extérieur de la chaumière demeura le même... seulement à l'intérieur s'épanouit, dit-on, un luxe d'ameublements et de tentures bizarre, luxe de sorcellerie ou tout au moins d'hystérie pure. On n'en parlait d'ailleurs que d'après les furtifs regards coulés par les fenêtres ouvertes, car personne dans le pays, pas même les fournisseurs, ne pénétrait dans *Dolmancé*; *Dolmancé*, le nom désormais inscrit en lettres noires sur la porte charretière de ce lieu de mystère. *Dolmancé*, j'abandonne à vos appréciations, Messieurs, le choix de ce nom pour une villégiature; nous avons tous lu ou du moins essayé de lire l'œuvre du divin Marquis.

« C'était, paraît-il, entre autres merveilles, dans une longue, étroite et haute pièce tendue de soie violâtre, un squelette d'enfant ailé, comme un Eros, au crâne ceint de myrthe, voilé de gaze noire et ricanant, debout, au milieu d'un taillis de lauriers roses en fleurs. Dans une autre salle, celle-ci nue comme une allée de catacombes, un buste de bronze vert aux yeux d'argent bruni incrustés d'une émeraude, tête de femme Renaissance aux regards de pierreries, émergeait d'un flot de clair brocart et de bruissantes étoffes avec, sur le front, un hennin.

« Ailleurs, une cire peinte aux yeux inanimés, aux lèvres entr'ouvertes, chef de sainte décapitée, saignait accrochée à la muraille au-dessus d'un large bassin de cuivre débordant de lys rouges, comme d'une floraison de sang; autre part enfin, un grand portrait de femme, qu'on eut dit du Vinci, vous offrait l'énigme de son sourire au fond d'un vieux cadre d'argent bossué de fruits d'agate et de raisins d'onyx. Et, partout, des voiles de gaze jetés compliquant les êtres et les objets de trouble et de mystère, puis dans des vases de forme hiératique une éternelle veillée de fleurs hostiles et symboliques, des liliums, des anthuriums et des orchidées, toute une flore méchante, posée, comme une offrande, au pied de chaque idole..., tout un intérieur empreint d'un mysticisme sombre à la fois catholique et païen, installation de fou ou de vieux Coppelius entrevue à de rares intervalles par l'entrebâillement des vitraux émaillés de devises archaïques sur fond d'azur glauque sablé d'or.

« Et dans le logis personne..., personne autre que l'homme aux allures étranges, promenant ses épaules voûtées et sa ricanante figure de vieille derrière la haie vive du préau. Cependant parfois deux êtres de rêve ou de cauchemar, tout au moins aussi inquiétants que leur maître, un enfant et une guenon.

« Une grimaçante et minaudière guenon, presque féminine de coquetteries et d'attitudes, presqu'humaine de laideur et toujours blottie dans le clair-obscur des pièces somptueuses dans quelque pose énamourée.

« Au cou un collier de métal bossué de turquoises, des bracelets autour de ses petites mains noires, une vraie macaque aux allures d'infante et, comme une infante, sachant au besoin porter la robe espagnole et bouffante et jouer de l'éventail.

« Quant à l'enfant, une merveille de beauté, un vrai page de Memling, quatorze ou quinze ans au plus, un de ces boys, comme l'Irlande seule en produit, aux yeux bleus flore, aux cheveux clairs nimbant le front d'un reflet de soie, le régal de chairs blondes et fraîches..., mais vivant là solitaire et farouche, plus invisible encore que la coquette guenon, comme dérobé avec un soin jaloux, caché à tout regard, l'air d'un Ariel captif ou d'un jeune prince envoûté de légende.

« Tout a été depuis supposé, imaginé et dit sur le trio... Mais alors la guenon constellée de bijoux et minaudant, affublée de craquantes étoffes, indignait surtout l'opinion des campagnes; les paysans ont des chèvres et un érudit du lieu cita à l'appui du Balzac. *Une Passion dans le désert.*

« La vérité dans tous ceci ?

« Une nuit la chaumière de *Dolmancé*, ordinairement murée de silence, s'emplissait de vacarme et de cris : c'étaient des jurons exaspérés, des voix de colère, des sanglots et des plaintes, puis un bruit de dispute et des appels déchirants, puis un grognement rauque, un râle... Tout le village, une angoisse à la gorge, avait passé cette nuit-là, debout, les fenêtres ouvertes, le cou tendu dans la direction de *Dolmancé*.

« Le lendemain, le menuisier du pays était mandé à la chaumière ; il recevait du propriétaire la commande d'un cercueil d'enfant en cœur de chêne et, le cercueil livré, payé le double de son prix, trois jours après, la chaumière était fermée, volets clos, porte condamnée et l'honorable dispuru... Une chaise de poste était venue le prendre dans la nuit.

« Quant au Memling et à la guenon, depuis la nuit des plaintes et des appels personne ne les avait revus ! Pour qui le cercueil ? pour l'enfant blond ? pour la macaque ? Mystère ! Un crime à n'en pas douter avait été commis. On a parlé longtemps de jalousie et de vengeance ! Quels liens pouvait unir entre eux ces trois êtres bizarres ! Quel caprice sinistre avait bien pu les désunir !

— Un conte d'Hoffmann, concluait de Tracy.

— Ou une farce à la Vivier, insinuait Georges Moor : Londres est le pays du *fun*. Le *fun*, la farce à froid, sinistre, exaspérante, l'Angleterre est la patrie de ces gaietés affilées et coupantes comme l'acier : l'honorable Georges Selwyn n'était peut-être qu'un mystificateur macabre, ayant pioché son Swift et son Poë.

— Toujours est-il, reprenait Asseline, que deux mois après une voiture de déménagement venait emporter le mobilier de *Dolmancé*, le nom du domaine disparaissait de la porte charretière et la masure, le pré et le verger, tout était mis en vente chez Mᵉ Récipon, notaire à Criquetot, où mon père s'en rendait acquéreur... La villa des Saules est l'ancien *Dolmancé*; vous êtes, mes amis, sur les lieux du Mystère... »

Nous regardions tous Asseline dans les yeux ; il avait repris tranquillement place à la table de jeu ; la pluie retombait de plus belle et les grands hêtres du jardin, secoués par la bourrasque, courbaient éperdûment leurs cimes bruissantes.

LES CONTES

Pour Antonio de la Gandara.

Par les ciels rigides et gris de décembre, tandis que les passants enlaidis par le froid se hâtent et se heurtent à l'angle des trottoirs, et que la bise tourmente avec des férocités de chatte les guenilleux attardés au pavé blanc des routes, combien il serait doux de pouvoir redescendre le passé, de pouvoir redevenir enfant et, blotti près des braises rougeoyantes, dans la tiédeur des chambres closes, quel repos et quelle fraîcheur ce serait aux pauvres yeux éraillés par la vie de se reprendre au charme des vieux livres d'images, des vieux livres d'étrennes illustrés de jadis et de pouvoir croire encore aux contes !

Ces contes de fées, qu'on a remplacés aujourd'hui par des livres de voyages et de découvertes scientifiques, ces merveilleuses histoires qui parlaient au cœur à travers l'imagination et préparaient à la pitié par d'ingénieux motifs de compassion pour de chimériques princesses, dans quelle atmosphère de féerie et de rêve, dans quel ravissement de petite âme éblouie et frémissante ont-elles bercé les premières années de ma vie ! et comme je plains au fond de moi les enfants de cette génération, qui lisent Jules Verne au lieu de Perrault, et Flammarion au lieu d'Andersen ! Les pratiques familles de ces bambins-là ne savent pas quelle jeunesse elles préparent à tous ces futurs chevaucheurs de bicyclettes. Il n'est pas au monde émotion un peu délicate qui ne repose sur l'amour du merveilleux : l'âme d'un paysage est tout entière dans la mémoire, plus ou moins peuplée de souvenirs, du voyageur qui le traverse, et il n'y a ni montagnes, ni forêts, ni levers d'aube sur les glaciers, ni crépuscules sur les étangs pour qui ne désire et ne redoute à la fois voir surgir Oriane à la lisière du bois, Thiphaine au milieu des genêts et Mélusine à la fontaine.

Qui ignore Homère, Théocrite et Sophocle peut-il souhaiter vraiment visiter la Sicile et la Grèce ? Et pour aimer cette vaste coupe de saphir liquide qu'est la Méditerranée du délicat amour que lui porte Paul Arène, ne faut-il pas avoir entendu un peu plus que le chant des cigales autour des *mâs* dans les bois d'oliviers, un peu plus que les cris des marins provençaux dans les vergues ? C'est le souvenir de Parthénope qui fait la baie de Naples enivrante, et si la Méditerranée, chaque hiver, voit revenir dans ses stations tant d'indifférents et de sceptiques, c'est que l'azur transparent de ses vagues a jadis caressé, roulé dans ses volutes le corps blanc des Sirènes.

Il faut donc aimer les contes et d'où qu'ils viennent, de Grèce ou de Norvège, de Souabe ou d'Espagne, de Bretagne ou d'Orient. Ce sont les amandiers en fleurs des jeunes imaginations ; le vent emporte les pétales, la vie dissémine le rêve, mais quelque chose est resté qui, malgré tout, portera fruit et ce fruit-là parfumera tout l'automne. Qui n'a pas cru enfant ne rêvera pas jeune homme ; il faut songer, au seuil même de la vie, à ourdir de belles tapisseries de songe pour orner notre gîte aux approches de l'hiver, et les beaux rêves, même fanés, font les somptueuses tapisseries de décembre.

Il faut donc aimer les contes, il faut s'en nourrir et s'en griser comme d'un vin peu dangereux et léger, mais dont la saveur âpre sous un faux goût de sucre insiste et persiste, et c'est cette saveur-là qui, le repas fini, enchante le palais et permet au convive écœuré de la table parfois d'y demeurer.

Pour moi, je l'avoue, je les ai adorés et d'une adoration presque sauvage, les contes aujourd'hui proscrits et dédaignés ; et c'étaient des contes brumeux, trempés de lune et de pluie, semés de flocons de neige, des contes du Nord, car je n'ai connu, moi, que très tard dans la vie l'enchantement ensoleillé du Midi. C'est au bord de l'Océan remueur et glauque perpétuellement strié d'écume, dans une petite ville de la côte assiégée par le vent d'ouest que j'ai passé toute mon enfance. Dès novembre, ce n'étaient que grains et bourrasques et, durant les nuits, de lourds paquets de mer couraient le long des jetées avec de sinistres *hou*, *hou*, *hou* de chouettes géantes. Les contes que nous rapportaient des matelots barbus, gaînés jusqu'à mi-cuisses dans des bottes ruisselantes, sentaient comme eux le froid, l'embrun, la neige fondue, le goudron et la mer; il y était plus question de nuits que d'aurores, et de naufrages au clair de lune que de gaies chevauchées dans les matins vermeils; mais j'adorais leur mélancolie, où voletait, comme au ras des vagues, un merveilleux un peu naïf, fait d'espérance et de détresse, une poésie d'âme simple terrifiée par l'aveugle force des éléments, mais attendrie de nostalgie et malgré tout soutenue par la foi au retour.

Et puis ces contes hallucinants, dont les personnages galopaient toute la nuit dans mes rideaux, signalaient la rentrée des Terres-Neuviers dans le port, le retour des hommes au logis, et c'était toute une joie dans la ville. C'était le moment ou jamais des réunions du soir, des visites d'une maison à l'autre par les rues mal éclairées, la saison des veillées devant l'âtre autour des bolées de cidre chaud, du cidre nouveau qu'on buvait mêlé de cannelle tout en se gavant de marrons ; et ce qu'on y contait de belles histoires à ces veillées-là !

Chez nous, elles avaient lieu à la cuisine ; la cuisinière avait toujours un fils ou un mari à Terre-Neuve ; le femme de chambre, un frère, un cousin ou un soupirant pour le bon motif en Islande et, l'ouvrage fini, c'était un usage presque établi dans la bourgeoisie de la ville de faire une place au coin du feu aux parents des femmes de service, le premier mois de leur séjour à terre, et ce n'était guère en effet, car ils naviguaient neuf mois, les pauvres, et encore combien en restait-il là-bas !

Au salon on recevait le capitaine du navire, l'armateur associé, les directeurs d'assurances venus pour quelque sinistre, et pendant que les hommes causaient affaires, quelque jolie main serrée au poignet d'une gourmette d'or feuilletait indolemment les pages illustrées d'un album de contes, de contes de fées dont une douce voix de femme nous expliquait les images, car nous approchions du jour de l'an et les cadeaux commençaient. Mais combien aux livres cartonnés et dorés sur tranches, combien à leurs belles estampes je préférais les récits ânonnés à la cuisine, au milieu des domestiques tremblantes, par des hommes en vareuse et en béret. Leurs histoires à eux me semblaient bien plus vraies, d'une fantaisie à la fois plus vivante et plus lointaine et, parmi ces récits de matelots, un surtout m'enchantait, un nostalgique et frissonnant conte du Nord que j'ai retrouvé depuis dans Andersen, mais qui, dans la bouche de ces rudes gens de Terre-Neuve, prenait la sauvage intensité d'une chose vécue et rencontrée, car ils l'avaient certainement croisée sur la mer inquiète, au cours de leurs périlleuses traversées, cette pâle Reine des Neiges dont le souvenir m'obsède et me captive encore.

Cela se passait dans une lointaine et populeuse ville de Norvège, toute retentissante de cris et de claquements de fouet de conducteurs de traîneaux; les gamins emmitouflés y patinaient tout le long des jours sur la grande place, et dans les rues étroites des faubourgs, si étroites que les pauvres gens des mansardes allaient se visiter par des ponts de planches jetés d'une maison à l'autre, la neige floconnait en silence six mois de l'année sur douze, mouchetant le ciel gris comme d'une mouvante hermine.

Là, dans une vieille et haute maison d'artisan aux petites fenêtres toutes fleuries, en juin, de pois de senteur et de capucines, vivait une bonne aïeule à la voix chevrotante et qui, le long des mornes journées d'hiver, la quenouille à la main, racontait des légendes à deux petits enfants accroupis à ses pieds devant l'âtre et qui déjà s'aimaient d'amour.

Dehors, l'essaim blanc des flocons voltigeait

dans l'air muet, toujours plus dru, toujours plus dense; et les récits de la vieille aïeule appelaient ces flocons des abeilles blanches, disant que ces abeilles-là avaient aussi une reine comme les abeilles d'or de l'été, mais que c'était une reine toute de glace avec deux rayons de lune gelés aux épaules en guise d'ailes et un long manteau de givre fourré de brume neigeuse; que sa ruche était au delà des pôles, sous les cieux arctiques tout fourmillants d'étoiles, et que c'était, construit en glaçons, un morne palais immobile, tout de stalactites et d'icebergs, tout de pâleurs et de splendeurs; un énorme palais spectral aux hautes salles désertes, jour et nuit balayées par le vent du nord, aux éclatantes coupoles transparentes et rigides éternellement incendiées par les auréoles boréales.

Oh! cette Reine des Neiges, debout dans la rougeur immense de cet éternel palais vide! Que je l'aimais et la redoutais à la fois, cette reine pétrifiée, comme léthargique, des abeilles d'hiver, cette vierge auguste des blêmissantes visions du pôle! Car la voix cassée de l'aïeule du conte la faisait aussi errante et voyageuse; et, par les nuits de décembre, il pouvait arriver, en regardant le ciel, d'y voir apparaître le traîneau glacé de la reine.

Comme un point au milieu des nuées, il filait rapide au-dessus des villes, des détroits et des mers; des grands vols de cigognes s'effaraient devant lui et les matelots de quart, accoudés aux bastingages, s'étaient signés plus d'une fois en voyant passer à travers les fines voilures l'éperon rigide et blanc du traîneau royal.

Oh ! cette Reine des Neiges avec son cénacle de vieux loups assis en rond au bord des fiords et hurlant à la mort, de quelle angoisse délicieuse, de quelle terreur poignante elle emplissait alors mon âme enfantine !

Dans mon imagination terrifiée je la voyais passer impassible, très haut dans le ciel, au milieu d'un blanc tourbillon d'abeilles ; d'énormes corbeaux noirs voletaient autour d'elle, criant la faim, criant l'hiver ; à ses épaules un grand manteau de rayons de lune flottait démesurément long dans la nuit, et par les fortes gelées, pour moi c'était encore elle qui venait, du bout de ses doigts raidis, dessiner sur les vitres les grandes fleurs fantasques et les arborescences du givre, et j'avais toujours peur, à minuit, de voir surgir aux carreaux de ma fenêtre ses yeux éteints et son front lumineux de reine endormie, car j'avais attentivement écouté la légende et je savais que, lorsque la Reine des Neiges vous regarde, son âme est ailleurs et ses yeux ne vous voient pas : elle est là-bas, là-bas, bien au delà de l'océan Arctique, dans les banquises du pôle, là-bas, bien au delà des détroits et des mers,

> Dans l'éternel palais de neige
> Où dorment les futurs hivers !

LÉGENDE DES TROIS PRINCESSES

Pour Mademoiselle Moreno.

Elles avaient nom Tharsile, Argine et Blismode et, bien que toutes trois de mères différentes, se ressemblaient et se rappelaient l'une l'autre par l'étroitesse longue de leurs pieds, le délié presque inquiétant de leurs doigts et la transparence nacrée de leur peau; une peau comme infiltrée de pâle azur par le bleu de leurs veines, caractères propres à la race des vieux rois wikings, anciens païens aujourd'hui baptisés, dont elles étaient les dernières fleurs épanouies.

Mais Tharsile se distinguait par de longs yeux bleus presque noirs et de lourdes tresses brunes toujours ointes d'essences et son amour immodéré des parfums. Argine, au contraire, avait l'œil gris et perçant d'un aigle sous de fins sourcils comme tracés au pinceau, et ses cheveux d'un blond si pâle, qu'on l'eût cru coiffée d'une vieille orfèvrerie dédorée, étincelaient toujours de rubis et d'escarboucles ; elle marchait comme ployée sous le poids d'étranges et barbares joyaux, c'était là son caprice, tandis que la dernière, Blismode, châtaine rousse aux larges prunelles violettes emperlées de rosée sous de battantes paupières aux longs cils, ne se plaisait qu'aux fleurs et parmi les cygnes au cou cerclé d'or mat du vieux parc royal.

Tharsile aimait les somptueux brocarts et les draps de soie tissée d'argyrose et de perles, Argine les étoffes de pourpre, satins cramoisis, samits écarlates et aussi les longues robes vertes, où semble miroiter le reflet trouble des vagues ; Blismode, au contraire, n'apparaissait drapée que dans de souples et molles soieries blanches à peine ramagées de fines arabesques d'or ; et toutes, élevées sévèrement par un vieux roi guerrier et soupçonneux, n'avaient jamais quitté l'enceinte du palais, où, passives et hautaines, elles attendaient chacune le fiancé royal qu'avait choisi leur père, soit en chantant au lutrin de vieilles proses latines, soit en brodant, les longues soirées d'hiver, des hennins pour Madame la Vierge ou des nappes d'autel.

Durant les longs jours d'été, les trois princesses avaient coutume d'aller s'asseoir dans le verger de leur père et d'y dormir à l'ombre d'un grand pommier, de neige rose en avril et en août d'or vert ; le verger situé à l'extrémité du parc était entouré de grands murs ; dans l'herbe haute, des violettes et des jonquilles embaumaient et, dans l'air tout vibrant d'abeilles, Tharsile, Argine et Blismode dormaient, la tête posée entre les racines de l'arbre ; et les lointains parterres, tout fleuris de lis jaunes, d'angéliques géantes et de roses trémières, leur envoyaient dans des sautes de brise des songes délicieux nés de l'âme des fleurs. Les gardes veillaient sur elles en dehors des murs d'enceinte, mais aucun d'eux ne connaissait le visage des princesses ; des pages aveugles les servaient et, hors ces faces murées, les trois filles du roi n'avaient jamais vu le visage d'aucun homme.

D'aucun, non, puisque la face usée du vieux jardinier du domaine royal leur était familière. C'était un pauvre être cassé et courbé par les ans, quasi tombé en enfance et que l'indifférence du roi supportait dans l'enclos sacré. Il logeait à l'extrémité du verger dans une misérable cabane adossée au mur, et non loin de sa logette se dressait un très ancien puits à la margelle verdie, au petit toit d'ardoise ornementé de ferronnerie et dont l'eau étrangement froide et pure attirait souvent les princesses ; elles se faisaient un jeu de manœuvrer elles-mêmes les seaux du vieux puits, d'en faire crier les chaînes et la poulie et, quand elles avaient longuement bu l'eau glacée, il leur arrivait parfois de rester longtemps après penchées sur le gouffre et d'en éveiller anxieusement l'écho, puis elles s'envolaient avec un grand bruit de jupes derrière les troncs rugueux des pommiers et le vieillard, sorti à leurs cris de son humble logette, croyait avoir rêvé.

Une vesprée de juin plus chaude que les autres, il leur arriva de faire une singulière rencontre auprès de leur puits familier : un jeune homme inconnu, un enfant encore dans sa sveltesse juvénile s'y tenait appuyé. Presque nu dans des haillons de toile qui le couvraient de la ceinture aux genoux, il éblouit à la fois Tharsile, Argine et Blismode du radieux éclat d'une triomphante beauté ; il était grand et élancé avec des épaules larges et de musculeux bras nus, et sa chemise de grosse toile s'ouvrait sur un cou puissant. Un jeune athlète... et sa chair mordue par le hâle était partout duveteuse et dorée. Il tenait nonchalamment croisées l'une sur l'autre les plus belles jambes du monde et, fier comme un jeune animal, inclinait vers les trois princesses une petite tête embroussaillée, un délicat visage à étrange chevelure jaune, aux yeux pétris de malice et pourtant pénétrés d'une adorable langueur.

Les trois princesses cillèrent interdites devant le regard profond de ses prunelles d'émeraude. Avec une intuition charmante, il manœuvra le câble du puits, en remonta les seaux et leur offrit à boire ;

puis, une voix l'ayant appelé de la cabane, il s'inclina toujours sans un mot, sourit et disparut ; il laissait au bord de la margelle trois fleurs fraîchement coupées : un iris bleu, un pavot rouge et un asphodèle.

Tharsile prit l'iris, Argine le pavot et Blismode le thyrse violacé de l'asphodèle en fleur ; mais, la nuit suivante, chacune des princesses eut un rêve et, dans ce rêve identique et bizarrement le même, chacune se promenait par un mystérieux jardin de lumière et rencontrait, légèrement appuyé sur la vasque d'airain d'une jaillissante fontaine, un inconnu d'une grâce divine et nu comme un Eros : un Eros aux yeux bandés, avec aux épaules deux queues de paon occellées en guise d'ailes, qui leur souriait et leur offrait des fleurs.

Le lendemain Blismode, Argine et Tharsile revinrent errer au verger paternel et, vers le soir, hasardèrent leurs pas du côté du vieux puits, mais elles n'y retrouvèrent pas le captivant inconnu ; c'était un petit-neveu du vieux jardinier venu à pied du fin fond des campagnes pour s'enrôler dans la milice royale, et dès l'aube les soldats du roi étaient venus le prendre et l'avaient emmené avec eux ; et Tharsile, celle dont un iris bleu embaumait le corsage, tomba dans une mortelle langueur.

Comme elle dépérissait de jour en jour, le roi s'en émut et, sur les conseils des mires, se décida à envoyer la princesse dans un pays de bois et montagnes dont l'air vivifiant devait ranimer la jeune fille atteinte. Argine et Blismode accompagnèrent leur sœur. Une vieille citadelle à demi démantelée, dominant trente lieues de forêt et cinquante lieues de montagnes neigeuses, devint leur palais d'exil; un torrent grondait avec un bruit de forge sous les arches d'un pont jeté sur le ravin, et une bruyante sapinière frémissait, comme un orgue, à deux cents pas au-dessous des créneaux où les belles rêveuses allaient s'accouder le soir; à l'horizon c'étaient les glaciers tour à tour et rougeoyants et bleuâtres, de braise ardente ou d'acier froid.

Et la brune Tharsile aux yeux d'un bleu languide pâlissait d'heure en heure et ne voulait pas guérir.

Une nuit que l'insomnie la tourmentait encore davantage et qu'elle songeait, accoudée à sa fenêtre, le regard aux étoiles et le vide dans le cœur, elle tressaillit soudain à des bruits de chansons, de guzlas et de violes fredonnant très loin dans la forêt: c'était quelque musique de bohémiens en marche et, parmi toutes ces voix reprenant en chœur de vagues refrains, une entre autres l'attirait délicieusement triste et pure, qu'elle n'avait jamais entendue et qu'elle reconnaissait pourtant. La voix s'était depuis longtemps éteinte qu'elle écoutait encore: le froid de l'aube la surprit attentive, penchée au-dessus des mélèzes du ravin.

Le lendemain la princesse interrogea adroitement ses sœurs sur les musiques entendues. Argine et Blismode la regardèrent avec stupeur ; mais à quelque temps de là un hasard ayant appris aux princesses que le petit-neveu du jardinier, le joli éphèbe entrevu dans le parc avait déserté l'armée du roi pour suivre des bohémiens, Tharsile ne douta plus un seul instant, non, la voix entendue n'était pas rêvée. Sa mélancolie devient plus profonde et puis, un matin, ses suivantes et ses sœurs ne la trouvèrent plus. Qu'était devenue la rêveuse malade? Toute recherche fut inutile : elle s'était évanouie comme fumée.

Ainsi disparut Tharsile, la brune fille aînée du vieux roi.

Argine et Blismode eurent beau protester de leur innocence, elles ne purent jamais se disculper à ses yeux. Les deux princesses disgraciées furent envoyées dans un lointain couvent de la province, un cloître de Clarisses situé à l'extrémité du royaume, sur les hauts plateaux des falaises qui bordent la mer. C'était un pays âpre et dur, tout en landes d'ajoncs et de bruyères, aux mornes étendues perpétuellement balayées par le vent et dont le ciel bas pesait comme un couvercle, pays au soleil rare et comme hanté de spectres dans la brume.

Les deux princesses exilées n'y avaient pour toute distraction, entre tant de messes et de prières, que d'aller rôder escortées de processionnantes nonnes par les bruyères et les ajoncs ; parfois il leur arrivait de pousser jusqu'au bord de la falaise et d'y regarder, à trois cents pieds au-dessous d'elles, de misérables forçats occupés à extraire la marne et à creuser un pénible chenal dans le roc durci par la mer. Les hommes ainsi vus n'apparaissaient pas plus hauts que leurs petits doigts ; ils peinaient dans l'écume et l'embrun, le torse et les bras nus, et les deux princesses se souvenaient vaguement de la nudité du beau jeune homme rencontré dans le verger jadis, et il fallait presque les arracher à ce spectacle mélancolique.

Un jour d'été, qu'elles étaient venues promener leur ennui au-dessus du chenal, grande fut leur surprise en n'y voyant plus l'équipe des travailleurs; mais, à leur place, éparpillés parmi les roches, des groupes d'hommes aux membres durs et blancs, évidemment des barbares séchaient leurs nudités au soleil; d'autres émergeaient à demi engloutis dans les vagues, et sous l'effort de leurs bras musculeux dressaient au-dessus du flot des torses éblouissants, une rangée de vaisseaux s'immobilisait au large : les pirates avaient jeté l'ancre et se livraient aux délices du bain.

Les nonnes effarées voulaient regagner le cloître en toute hâte, mais Argine et Blismode ne pouvaient détacher leurs yeux des beaux barbares nus, Argine surtout qui croyait reconnaître l'un d'eux, le plus svelte, le plus beau de tous sous sa longue crinière étalée au soleil, leur chef, évidemment.

Le lendemain, quand la supérieure indignée pénétra dans la cellule d'Argine, elle n'y trouva plus la princesse. Comme Tharsile, Argine avait disparu.

Quand à Blismode, rappelée en toute hâte auprès du roi son père et enfermée dans la plus haute tour du château royal, d'étranges pressentiments l'agitaient. Un pirate hardi tenait, disait-on, la campagne et marchait à grandes journées sur la ville, dont il allait établir le siège avec une horde innombrable de païens et de mécréants comme lui; il emmenait, disait-on, dans ses chariots de guerre, deux princesses captives et heureuses de l'être, deux royales amoureuses qui pour lui avaient trahi leur patrie et leur race et dont on ne prononçait pas le nom; mais Blismode avait pressenti que c'étaient là ses sœurs, comme elle avait deviné que le beau pirate à la rousse crinière était le divin adolescent blond au bouquet d'asphodèle, de pavot et d'iris.

Les tentes du camp ennemi entourèrent bientôt en effet les remparts de la ville et Blismode, étiolée et captive, passait maintenant ses journées au sommet de sa tour, appelant la défaite des siens et redoutant en même temps une victoire dont elle se savait le trophée; mais le siège traîna en longueur, la ville, ravitaillée par des souterrains secrets, se riait de la famine, et un beau soir d'automne, par un crépuscule de turquoise, Blismode s'éteignit doucement entre les mains de ses femmes, ses yeux agrandis dardés sur le camp barbare, et, pressant sur son cœur l'asphodèle séchée du beau pirate Amour, du barbare Ennemi.

CONTE POUR LA NUIT DES ROIS

Pour Simonne Bernhardt.

I

Quand la reine Imogine sut que la princesse Neigefleur n'était pas morte, que le lacet de soie qu'elle lui avait serré elle-même autour du cou ne l'avait qu'à demi étranglée et que les gnomes de la forêt avaient recueilli ce doux corps léthargique dans un cercueil de verre, pis, qu'ils le gardaient invisible dans une grotte magique, elle entra dans une grande colère. Elle se dressa toute droite dans la stalle de cèdre où elle songeait, assise dans la plus haute chambre de sa tour, déchira dans toute sa longueur sa lourde dalmatique de brocart jaune enrichie de de lys et de feuillages de pierreries, brisa contre terre le miroir d'acier qui venait de lui apprendre l'odieuse nouvelle et, saisissant de male rage par la patte de derrière le crapaud enchanté qui lui servait pour ses maléfices, elle le lança à toute volée dans la flamme de l'âtre où il fit frisst, grisst et prisst et s'évapora comme feuille sèche.

Cela fait, un peu calmée, elle ouvrit les vantaux de la haute fenêtre, dont les mailles de plomb enserraient des nains sonnant du cor, et se pencha sur la campagne : elle était toute blanche de neige et, dans l'air froid de la nuit, de lents flocons éparpillés comme de l'ouate tendaient tout l'horizon d'une étrange hermine dont les mouchetures inversées auraient été blanches sur fond noir ; une grande rougeur incendiait la neige au pied de la tour et la reine savait que c'était le feu des cuisines, des cuisines royales où les marmitons préparaient le festin du soir ; car ce a se passait le dimanche même de l'Epiphanie et il y avait grande fête au château. Et cette malfaisante reine Imogine ne put s'empêcher de sourire dans la noirceur de son âme, car elle savait qu'à ce moment même rôtissait pour la bouche du roi un paon merveilleux, dont elle avait traîtreusement remplacé le foie par un affreux salmigondis d'œufs de lézards et de jusquiame, pharmaque horrible qui devait achever d'égarer les esprits du vieux monarque et bannir à tout jamais de cette chancelante mémoire le doux souvenir de la princesse Neigefleur.

Cette frêle et doucereuse petite masque de Neigefleur, pourquoi s'avisait-elle aussi, avec ses grands yeux bleus faïence et son insipide face de poupée, de la surpasser en beauté, elle, la merveilleuse Imogine des Iles d'Or ? Il avait fallu qu'elle vînt dans ce mauvais petit royaume d'Aquitaine pour s'entendre crier à tue-tête et à toute heure du jour et par le vent dans les haies et par les roses des parterres et jusque par son miroir, un miroir véridique animé par les fées : « Ta beauté est divine et charme les oiseaux et les hommes, grande reine Imogine, mais la princesse Neigefleur est plus belle que toi ! » La petite peste ! Alors elle n'avait plus eu ni trêve ni répit ; il n'y avait pas eu de vilenies dont elle n'eût, en vraie marâtre, accusé la petite princesse pour la perdre dans l'esprit du roi. Mais le vieil imbécile, aveuglé de tendresse, n'écoutait que d'une oreille, tout féru qu'il fût de passion sensuelle pour sa beauté de reine magicienne. Les poisons eux-mêmes n'avaient aucune prise sur ce frêle petit corps d'enfant, son innocence ou les fées la protégeaient ; elle se souvenait encore avec rage du jour où, n'y pouvant tenir, elle avait fait déshabiller par ses femmes l'épeurée petite princesse et fustiger ses frissonnantes épaules jusqu'au sang ; elle voulait voir enfin entamée et gâtée par les verges cette éblouissante nudité, et les verges, aux mains des mégères, s'étaient changées en plumes de paon qui n'avaient fait qu'effleurer et frôler la peau de la vierge frémissante.

C'est alors qu'exaspérée de dépit elle avait résolu

sa mort; elle l'avait étranglée de ses mains royales et fait transporter durant la nuit à la lisière du parc, prête à accuser du meurtre quelque troupe de bohémiens. Bonheur inespéré! elle n'avait même pas eu à servir cette belle invention au roi: les loups s'était chargés de l'affaire; la princesse Neigefleur avait simplement disparu et l'orgueilleuse marâtre triomphait, quand voilà que son miroir magique interrogé la navrait; elle s'en était vengée, il est vrai, en le brisant à l'instant même, mais elle était bien avancée, puisque sa rivale vivait endormie sous la garde tutélaire des nains.

Et très perplexe, elle allait prendre au fond d'une armoire une tête desséchée de pendu, qu'elle consultait dans les grandes occasions, et, l'ayant posée sur un grand livre ouvert au milieu d'un pupitre, elle allumait trois cierges de cire verte et s'abîmait dans des résolutions sinistres.

II

Elle cheminait maintenant très loin, très loin très loin du palais endormi, dans le grand silence de la forêt gelée, pareille à un immense madrépore; elle avait jeté sur sa robe de soie blanche une limousine de laine brune qui la faisait ressembler à quelque vieux sorcier, et, son fier profil en retrait sous la sombre capuche, elle se hâtait [au pied de chênes énormes, dont les troncs blancs de neige apparaissaient eux-mêmes comme de grands pénitents. Il y en avait qui, avec leurs branches dressées haut dans l'ombre, semblaient la maudire de toute la force de leurs longs bras décharnés, d'autres, écrasés dans d'étranges attitudes, paraissaient agenouillés sur le bord de la route ; on eût dit des moines en prière sous des cagoules de givre et tous processionnaient bizarrement autour d'elle, les mains singulièrement jointes et raidies; et ses pas amortis dans la neige n'éveillaient aucun bruit: il faisait presque doux dans la forêt, le gel l'avait assoupie, et la reine tout entière à son projet précipitait sa course silencieuse, les pans de son manteau hermétiquement ramenés sur on ne sait quel objet qui vaguement remuait et vagissait.

Un enfant de six mois, qu'elle avait dérobé en passant dans la chambre d'une femme de service et qu'elle emportait par cette calme et douce nuit d'hiver pour l'égorger à minuit sonnant, ainsi qu'il est prescrit, à un carrefour de routes... Les elfes ennemis des gnomes accourraient tous pour boire le sang tiède et elle les charmerait avec sa flûte de cristal, la flûte à trois trous des sûres incantations occultes, qu'elle tenait fiévreusement dans sa main ; une fois charmés, les elfes obéissants la conduiraient par le dédale de la forêt transie à la grotte magique des nains. L'entrée en était visible et béante toute cette nuit bénie de l'Epiphanie.

comme durant toute la nuit de Noël; ces deux nuits-là tout enchantement demeure suspendu par la toute-puissante grâce de Notre-Seigneur et toute caverne et cachette souterraine de gnomes, gardiens de trésors enfouis, s'ouvre accessible aux pas humains. Elle entrerait dans l'antre en dispersant avec son émeraude la troupe effarée des Kobbolds, s'approcherait du cercueil de verre, en forcerait la serrure, en briserait les parois au besoin et frapperait au cœur sa rivale endormie; elle ne lui échapperait pas cette fois.

Et comme elle se hâtait ruminant sa vengeance sous les fins coraux blancs et les arborescences de la forêt givrée, des psaumes et des voix s'élevèrent tout à coup, une vibration de cristal courut à travers les branches engourdies, toute la forêt frémit comme une harpe et la reine, immobilisée de stupeur, vit apparaître un cortège singulier.

C'était, sous ce ciel nuageux d'hiver, dans l'étincelant décor d'une clairière de neige, des dromadaires et des chevaux racés et fins, et puis des palanquins de soie bariolée, des étendards surmontés de croissants, des boules d'or enfilées à de longs fers de lances et des litières et des turbans. Des négrillons tout à fait diaboliques dans des gandouras de soie verte piétinaient peureusement la neige, des anneaux allumés de pierreries tintaient à leurs chevilles délicates et, sans l'émail éclatant de leur rire, on eût dit de petites statues de marbre noir; ils se pressaient sur les pas de majestueux patriarches diadémés de molles étoffes rayées d'or; la gravité de leur hautain profil se continuait dans la soyeuse écume de longues barbes blanches, et d'immenses burnous de soie, du blanc argenté de leur barbe, s'ouvraient sur de lourdes robes d'un bleu de nuit ou d'un rose d'aurore toutes fleuries d'arabesques d'or, puis c'étaient des pectoraux bossués de pierreries et des palanquins, où de vagues femmes voilées s'entrevoyaient comme dans un rêve, oscillaient au dos de dromadaires, et la lune, qui venait de se lever, miroitait au revers de soie des étendards. Des parfums pénétrants et musqués de cinname, de benjoin et de nard s'exhalaient en minces tourbillons bleuâtres au-dessus du cortège, des ciboires incrustés d'émaux brillaient entre des doigts d'un noir d'ébène en guise de cassolettes et, sous la lune montante, les psaumes éclataient moins chantés que gazouillés en douce langue orientale, comme enroulés dans la gaze des voiles et la fumée des encensoirs.

La reine arrêtée derrière un tronc d'arbre avait reconnu les rois mages, le roi nègre Gaspar, le jeune cheik Melchior et le vieux Balthazar; ils allaient, comme il y a deux mille ans, rendre à l'Enfant divin leur adorant hommage.

Ils étaient déjà passés.

Et la reine livide sous son manteau de berger

songeait trop tard que, la nuit de l'Epiphanie, la présence des Mages en marche vers Bethléem rompt le pouvoir des maléfices, qu'aucun sortilège n'est possible dans l'air nocturne encore imprégné de la myrrhe de leurs encensoirs: elle avait donc fait un voyage inutile. Inutiles devenaient les lieues dévorées par elle dans la forêt fantôme ; à recommencer sa périlleuse équipée par le froid et la neige. Elle voulut faire un pas et retourner en arrière, mais l'enfant, qu'elle tenait serré dans son manteau, pesait étrangement sur son bras; il était devenu d'une lourdeur de plomb, il la figeait là, immobilisée dans la neige, la neige étrangement amoncelée autour d'elle et où ses pieds raidis ne pouvaient avancer.

Un horrible charme la tenait prisonnière dans la forêt spectrale: c'était la mort certaine si elle ne pouvait rompre le cercle. Mais qui viendrait à son secours? Tous les mauvais esprits restent prudemment tapis dans leurs retraites durant cette lumineuse nuit d'Epiphanie; seuls les bons esprits amis des humbles et des souffrants s'y risquent à rôder encore, et cette insidieuse reine Imogine eut l'idée d'appeler les gnomes à son aide, les bons petits seigneurs, tout de vert vêtus et chaperonnés de primevères, qui avaient recueilli Neigefleur, et, les sachant enfantinement épris de musique, elle eut la force de tirer sa flûte de cristal de dessous son manteau et de la porter à ses lèvres.

Elle défaillait sous le poids de l'enfant devenu pareil à un bloc de glace ; ses pieds crispés de froid bleuissaient, devenaient noirs et ses lèvres violettes trouvaient encore des sons mélancoliques, des notes de douceur, d'une volupté tendre et d'une tristesse poignante, douloureux et captivants adieux d'une âme à l'agonie qui tente, résignée, un inutile appel.

Et tandis que tout le mensonge de sa vie s'apitoyait sur ses lèvres, ses yeux fouillaient avidement le clair-obscur de la clairière, l'ombre des arbres, les sillons tortueux des racines et jusqu'aux souches laissées par les bûcherons, équivoques profils de végétaux où les gnomes d'abord se manifestent.

Tout à coup la reine tressaillit ; une multitude d'yeux brillants la fixaient de tous les points de la clairière ; c'était comme un cercle d'étoiles jaunes refermé sur elle. Il y en avait entre chaque arbre ; il y en avait dans les racines des chênes ; il y en avait au loin, il y en avait tout près, et chaque paire d'yeux fulgurait phosphorescente, à mi-hauteur d'homme, dans la nuit.

C'étaient les gnômes... enfin ! et la reine étouffait un cri de joie qui se figeait presque aussitôt d'épouvante : elle venait d'apercevoir deux oreilles pointues au-dessus de chaque paire d'yeux, au-dessous de chaque paire d'yeux un museau velu et un retroussement de babines à dents blanches.

Sa flûte magique n'avait appelé que les loups.

On retrouva le lendemain son corps dépecé par les bêtes : ainsi mourut par une claire nuit d'hiver la méchante reine Imogine.

CONTE DU BHOÉMIEN

Pour madame Sarah Bernhardt.

Aux approches d'avril le bruit se répandit dans toute la contrée qu'un étrange chanteur, un invisible et mystérieux musicien, s était établi dans la forêt des Ardennes. Il vivait là au plus épais des halliers avec les oiseaux et les bêtes des bois, et c'était, depuis sa venue, parmi les ravins, les ronds-points des clairières et l'ombre verte des venelles une effervescence, une floraison de muguets et de primevères, une frénésie de rut et une telle joie de vivre qu'on entendait de l'aube au soir délirer les nids dans les branches et bramer toutes les nuits les cerfs au clair de lune.

Comme une mer montante de sève et de désir déferlait désormais dans la forêt feuillue, des râles exaspérés agonisaient dans l'air qui troublaient le pays.

C'étaient dans l'atmosphère lourde et chargée d'orage la guitare et la voix de l'étrange chanteur. Sa chanson montait dans la fraîcheur des aubes mauves et roses et dans la tristesse enflammée des soirs, infiniment douce et pure, infiniment triste aussi, tandis que trilles et pizzicati pétillaient, fusaient et s'égrenaient, étincelles et perles, sous les doigts du guitariste ; l'accompagnement tout de gaieté railleuse méprisait et bafouait, la tendresse ardente de la voix implorait et pleurait, et c'était une mélancolie de plus, cette raillerie de guitare babillarde sur cet appel passionné et poignant. Dans la forêt tout à coup envahie de surgissantes hampes d'asphodèles, par les chemins devenus en quelques semaines impénétrables sous un jet imprévu de viornes et de lianes, c'étaient un débordement de vie, d'herbes folles, de fleurs épanouies au milieu d'un concert énamouré et fou d'éperdus rossignols : les trente lieues de forêt chantaient, riaient, aimaient, tout à coup enchantées ; la voix du musicien s'y lamentait toujours.

Et une fièvre tenait tout le pays. La nuit surtout la voix de l'invisible chanteur prenait des sonorité inattendues, délicieuses, grisantes ; on ne pouvait plus faire un pas dans les campagnes sans tomber sur des maltôtiers et des mauvais garçons couchés dans les sillons ou les fossés des routes ; ils venaient là par bandes autour de la forêt et veillaient jusqu'à l'aube attentifs et charmés. Les filles s'échappaient des villages et les bouviers des fermes pour venir écouter de plus près ; des jeunes soldats désertaient ; le tocsin sonnait jusqu'au lever du jour dans les couvents pour ramener à Dieu les âmes en péril, et des vieux moines blanchis dans le jeûne et la prière s'arrêtaient tout à coup la nuit au fond des cloîtres pour fondre en larmes en songeant au passé.

Et un grand trouble agitait tous les cœurs. C'était par les villes et par les bourgs un souffle déchaîné de stupre et d'adultère : des femmes mariées abandonnaient le logis pour suivre des voyageurs, on ne rencontrait plus le long des haies que filles et garçons accouplés, les rustres des champs en proie à de vagues tristesses laissaient les terres en jachère, les artisans des villes erraient le long des jours à travers la campagne, et les routes n'étaient plus sûres à cause de tant de vagabonds éparpillés dans la province. Ce damné musicien envoûtait tout le pays, liesse et paresse pour la canaille, détresse et deuil pour la noblesse et les bourgeois.

Tant et si bien que le duc de Lorraine, en sa bonne ville de Metz, s'en émut et prit le parti de délivrer son peuple de ce maudit sorcier chanteur. Nul ne l'avait jamais vu. C'était, disait-on, un tout jeune bohémien égaré loin de sa tribu et qui, lors du dernier passage des seigneurs d'Egypte par les marches de Lorraine, s'était fixé dans les Ardennes et y chantait désespérément jour et nuit... Peut-être son nostalgique appel serait-il quelque soir reconnu des siens. Mais farouche comme une bête fauve et sûrement passé maître en l'art des sortilèges, il s'était jusqu'alors dérobé à tout regard, et d'ailleurs une crainte superstitieuse protégeait sa retraite et, depuis qu'il chantait dans la forêt fleurie, nul n'osait plus y pénétrer. Et cela durait depuis des mois.

Une belle nuit de mai, le duc de Lorraine se mit en campagne avec un gros de cavaliers ; il emmenait avec lui l'évêque de Nancy et douze membres du chapitre en cas de charmes à rompre et d'exorcismes à opérer. Ils marchèrent deux jours et, le second soir, parvinrent à la lisière de la forêt ; depuis l'aube ils ne rencontraient que pèlerins processionnant sur les routes et que filles folles errant le long des haies avec des yeux perdus d'amour. Alors dans le crépuscule une voix douce et pure chanta, et le duc et ses compagnons inclinèrent malgré eux et leurs fronts et leurs lances sur l'encolure de leurs chevaux immobiles ; on aurait dit que leurs moelles se fondaient dans leurs os et un froid délicieux les étreignait au cœur.

Mais l'évêque de Nancy récita la prière de saint Bonaventure et, s'étant tous signés, le duc et ses gens d'armes entrèrent dans la forêt. Ils y errèrent toute la nuit sous la lune montante, égarés et charmés par la voix qui tantôt chantait à gauche, puis reprenait à droite et semblait errer de ci de là ; le givre des pommiers sauvages embaumait, des vapeurs nocturnes flottaient devant leurs yeux, pareilles à des robes ; parfois des pieds nus apparaissaient sur la mousse, de soyeux contacts les touchaient, c'étaient des illusions que le prélat de Nancy déjouait vite. La voix triste et pure du chanteur inconnu pleurait et suppliait toujours, mais maintenant plus distincte et plus proche, et par les taillis baignés de vif-argent de la forêt tout à coup agrandie ils marchaient, bizarrement émus sous un linceuil odorant de pétales, avec des précautions de chevaliers-oiseleurs.

Tout à coup la voix égrena comme un rire d'une limpidité d'eau et le cortège stupéfié rêta.s'ar

Le bohémien était là ! Debout au bord d'une source, il se penchait follement sous un froid rayon de lune et, sa guitare à la main, se mirait dans l'onde, enivré de sa propre image, comme entraîné et fléchi vers l'eau par le poids de ses cheveux, une coulée de soie jaune chimériquement longue, et les joyeux arpèges pétillaient sous ses doigts.

Les cavaliers du duc fondirent sur lui comme sur une proie, le garrottèrent avant qu'il eût poussé un cri et le jetèrent pieds et poings liés, sur la croupe d'un cheval ; l'évêque de Nancy avait ramassé la guitare. Au petit jour le duc et sa suite sortaient de la forêt et regagnaient Metz par des chemins de traverse ; durant les trois jours du voyage le bohémien capturé ne proféra pas un mot ; de temps en temps on lui mettait une gourde aux lèvres et on le faisait boire, et, comme sa prestigieuse beauté eût pu intriguer les passants, on l'avait couvert d'un manteau. A la troisième aurore la petite troupe atteignit Metz et le palais ducal.

L'étrange musicien y vécut deux mois, muré dans un silence farouche, presque libre sous la surveillance de trois gardes, le regard morne, absent, déroutant toutes les conjectures et troublant les hommes et les femmes par une beauté quasi-divine.

C'était un jeune et svelte garçon de dix-sept ans au plus, aux bras graciles et aux jambes musclées, imposant avec sa démarche souple et ses mouvements agiles l'idée d'un fier et dangereux animal ; une longue chevelure blonde lui flottait sur les reins et comme un rictus retroussait par moments sa lèvre un peu bestiale, mais l'abîme de ses yeux étonnait.

Le duc à la fois effrayé et charmé l'avait prit en amitié ; c'était un objet d'art de plus dans le château ducal : le bohémien y errait le long des journées de salle en salle, les bras croisés, sans desserrer les dents ; parfois il s'arrêtait devant une fenêtre ouverte et regardait longtemps les nuages, puis il reprenait sa promenade inquiète, épié de loin par l'œil des courtisans.

On l'avait paré des plus riches vêtements et on

lui avait rendu sa guitare, mais à peine avait-il semblé la reconnaître et l'instrument muet traînait dans toutes les chambres, à la portée de sa main, sans qu'il daignât l'honorer d'un regard; et le duc en était pour ses frais et les courtisans pour leur peine. L'enivrante chanson, qu'il chantait naguère éperdument pour les gueux de routes et les va-nu-pieds, ce maudit bohémien la refusait à son maître, ce sorcier la taisait aux seigneurs de la Cour; la voix triste et pure s'était à jamais tue, et la fille du duc, qui se consumait du désir de l'entendre, en devint mélancolique et tomba en langueur.

De male rage, le duc fit jeter dans un cul de basse-fosse ce musicien du diable, lui et sa guitare, puis il quitta Metz pour son château des bois, car l'été s'avançait et la chaleur se faisait grande.

Or, à quelque temps de là, par une orageuse nuit d'août, un des geôliers de la prison de ville entendit s'élever des cachots du donjon une voix infiniment douce et triste. Une tumultueuse musique l'accompagnait, frémissante, stridente et joyeuse à la fois; c'était comme une eau mélodieuse qui montait dans la tour et battait les murailles, une poignante musique, en vérité, faite d'éclats de rire et de larmes, et le geôlier qui ne l'avait jamais entendue reconnut la voix du bohémien. Il descendit les escaliers quatre à quatre et, bousculant les sentinelles accourues toutes pour écouter la voix et sanglotant d'angoisse assises sur les marches, il se précipita vers le judas grillé du musicien captif.

Le prisonnier, debout dans son cachot, y chantait éperdument, frénétiquement, les doigts crispés sur sa guitare. Une lune énorme, fantasque, d'un jaune d'or riait aux barreaux de la fenêtre, étamant comme un miroir l'eau d'une large écuelle posée à terre; et, penché sur le reflet de l'astre, le bohémien s'y mirait et chantait à gorge déployée, enveloppé de la tête aux pieds dans la nappe jaune de ses cheveux.

Il chanta toute la nuit sous les yeux des gardiens entassés frissonnant au judas de la porte, et, sur la place, au pied des murs de la prison, le bas peuple ameuté montrait le poing aux sentinelles, s'arrachait les cheveux et défaillait d'amour.

Le bohémien chanta tout le jour et vers le soir une grande rumeur s'éleva de la campagne, et le gouverneur de la citadelle, étant monté sur la tour du guetteur, vit que les champs étaient noirs de foule, d'une foule processionnant lentement vers la ville; on eût dit une armée en marche, il en venait des quatre points de l'horizon. C'étaient les gueux de routes, les va-nu-pieds et les rustres, toute la légion des misérables accourus à l'appel de leur chanteur; ils l'avaient enfin retrouvé et cheminaient depuis l'aube, ivres de colère et de joie, et le crépuscule était plein de terribles menaces, de piques et de faulx brandies sur le ciel rose. Un souffle de panique balayait la campagne, et les citadins, tassés sur les remparts, écoutaient effarés s'approcher et grossir l'effroyable clameur.

Le bohémien chantait toujours.

Le duc prévenu en toute hâte atteignait en deux jours de marche les rebelles campés aux portes de la ville, la garnison faisait une sortie, et les gueux, mal vêtus, mal armés étaient aisément écrasés. Ce fut une atroce tuerie sans pitié, sans merci : plus de trente mille morts demeurèrent sur le terrain, et parmi eux des femmes, des enfants, car les malheureux étaient venus là par couples, par familles, comme à un pèlerinage, et la campagne autour de Metz était rouge de sang. Le duc coucha le soir même dans sa ville au milieu de l'émeute grondant encore, mais quand on vint chercher le bohémien pour le torturer et brancher haut et court, son cachot était vide, il avait disparu.

Mais à quelques jours de là, comme le supérieur des frères de la Miséricorde rôdait avec quelques-uns des siens sur le champ de bataille pour y recueillir et ensevelir les morts, une captieuse musique éclatait tout à coup au-dessus du charnier et, ayant levé la tête, le moine aperçut un jeune et svelte garçon qui chantait et riait, la guitare à la main, debout sur un tertre encombré de cadavres.

Un ciel de braise et d'or saignait à l'horizon et, drapé jusqu'aux reins dans une claire chevelure, le musicien jetait avec son chant de vibrants éclats de rire et se mirait, penché sur une flaque de sang.

Et le moine ensevelisseur reconnut le bohémien, le bohémien Amour, qui chante dans les bois pour les déshérités et les gueux, se tait dans les palais, se mire dans la Mort et n'aime que lui-même, l'Amour libre et sauvage comme la solitude.

VI

BALE

Au Docteur Samuel Pozzi.

LE RHIN. — LES TROIS ROIS. — LE MARCHÉ. — PLUIE ET SPLEEN. — UNE RESTAURATION.

I

LE RHIN

Le Rhin, le glauque de turquoise transparente de ses eaux, c'est là le grand charme et l'émerveillement de Bâle.

Comme une reposante lueur glisse et fuit dans ses ondes, ses ondes rapides, phosphorescentes et moirées, dont deux seuls peintres au monde ont surpris le charme vert, et encore, ce mystère ambigu du glauque, ne l'ont-ils mis que dans les yeux de leurs portraits de femmes : j'ai nommé Knopht et Burne Jones, et il monte si puissant, ce charme de l'eau du Rhin bâlois, on le sent dans sa rapidité tourbillonnante d'une pureté si froide, tout trempé encore de la fonte des neiges et des larmes des glaciers, qu'un frisson finit par vous prendre à le contempler ; et pourtant on ne se lasse pas de le boire du regard et, où que l'on soit, sur le vieux pont mi-parti à pilotis qui relie l'ancienne ville au petit Bâle, ou sur la haute terrasse qui domine le fleuve, au pied de la cathédrale, il y a certes du sortilège dans le plaisir inconsciemment ressenti à le voir couler. Comme une incantation s'élève de ses remous verdâtres et pourtant glacés d'or, et plus on y songe, plus on trouve que c'est bien là en effet le fleuve des légendes, le Rhin des nixes et des ondines, le fleuve où des chevelures fées ondoient au crépuscule sur la crête des vagues, où des chairs de nacre transparaissent dans l'ombre avec des yeux de femme inquiétants et mobiles, souriant dans les eaux.

Et puis il s'encadre si bien, comme au fond de quelque ancienne estampe, au pied des hautes, hautes et étroites maisons du vieux Bâle : irrégulières, tassées, étayées les unes contre les autres et surplombant de leurs six et huit étages enguirlandés de vignes vierges la rapidité du fleuve, elles forment d'un bout à l'autre de la ville comme un grand rempart troué de petites fenêtres et coupé de minuscules terrasses, qui sont autant de jardins particuliers verdoyants et fleuris qui donnent sur le Rhin.

Oh! cette longue, longue file de noirs et vieux logis aux roses toits de tuiles, aux galeries extérieures pavoisées des dernières lessives avec leurs mouvantes retombées de glycines et de lierres, avec quelle précision, quels hachés d'eau-forte le Rhin les dédouble et les reflète dans le glauque moiré de ses eaux ! Le mystère de tant d'existences devinées derrière les vitres miroitantes de ces petites croisées, celui plus attirant encore de tant de vies disparues écoulées là, à des époques antérieures, dans la reposante intimité de ce même horizon, avec quel silence effrayant il les emporte, ce Rhin mordoré et verdâtre dont la fuite chuchote à peine autour de l'arche des ponts !

Oh! la mélancolie des vieilles pierres, des anciennes villes populeuses toutes chaudes de souvenirs et des anciens logis remplis encore de tant de vies vécues, comme le grand vaisseau de la cathédrale et l'immobile prière de ses deux tours, surgies de la mer des toits et des clochers l'aggravaient encore, cette impression de tristesse ambiante et de mélancolieuses songeries !

Cette vieille et mythique cathédrale des évêques de Bâle, où se tint un concile, le zèle iconoclaste de Luther en a fait un prêche ; l'autel a disparu du chœur, des mains sacrilèges ont supprimé de l'église toute statue, toute sculpture et le mauvais goût suisse a, du portail aux balustres des tours, enduit la vieille basilique d'un hideux badigeon rosâtre qui de loin, joint au désastreux effet de ses toits polychromes de tuiles vernissées, lui donne l'aspect de quelque gigantesque pâtisserie artistique, d'un monstrueux et compliqué gâteau de Savoie.

Mais vainement le mauvais goût allemand, qui étale aux devantures des pâtissiers de Bâle de romantiques pièces montées, où des Lohengrins en sucre apparaissent voguant sur des lacs de confitures hérissés de roseaux d'angélique, a-t-il tenté de ravaler le vieux monument papiste au niveau d'art des chalets en pâte feuilletée et des donjons de nougat crénelés de ses gâteaux d'apparat; sous son enduit rosâtre le dessin de la cathédrale désaffectée demeure si pur, et un tel élan de foi enlève vers le ciel le double envoi de ses tours, que cette mutilation ne fait qu'irriter une fois de plus notre conscience artiste contre la platitude et la sottise intolérante de cette froide religion réformée, et c'est une confirmation de plus dans notre instinctive haine du libre arbitre et de l'orgueil humain substitués à l'aveugle foi, si consolante parce qu'aveugle, du vieux catholicisme des humbles et des souffrants.

LES TROIS ROIS

Quel *nobody* imbécile a bien pu me recommander l'hôtel des Trois Rois ?... Le plus vieil hôtel de la ville, m'avait-il été dit, avec vue sur le Rhin ; Napoléon Ier y était descendu... et, mon imagination galopant, je m'attendais à quelque vieille hostellerie du temps, toute hérissée de ferronneries d'art, aux larges salles basses à plafonds traversés de grosses poutres, à petites fenêtres et à vitres hexagones, comme fumées par la crasse des siècles.

Jolie, la désillusion !... C'est dans un monumental hôtel anglais, tenu par des Suisses, que me descend l'omnibus de service. Les trois statues peintes des rois Gaspard, Melchior et Balthazar, haut juchées au niveau du troisième au-dessus de la large véranda de l'hôtel, en forment la seule note un peu allemande, et dans le hall à l'instar de celui de Terminus, encombré de rocking-chairs, de fauteuils d'osier et d'un ramageant troupeau de vieilles Anglaises, je me heurte à une nuée de maîtres d'hôtel, de grooms, de portiers, de servants et de femmes de chambre aux brides envolées sur la nuque, dont la mine rogue et fermée, le sourire de commande et les yeux quémandeurs attestent une fois de plus qu'ici comme partout triomphent et règne en souverains maîtres les insipides et anguleux sujets d'*her Majesty*, intrépides *travellers* des agences Cook et autres circulaires.

Et ce dîner! ce dîner de table d'hôte servi par des espèces de clowns en habit noir, aux mouvements d'automates et au sourire figé de figures de cire ; toute une valetaille impressionnante d'impersonnalité, presque fantômatique, évoluant en silence sous les yeux éraillés d'un maître d'hôtel en gilet blanc et cravate noire, la barbe en pointe et la boutonnière fleurie, l'air d'une fripouille élégante et bien née, ancien joueur descendu croupier ou clubman avarié devenu Polonais à force de malheurs.

Et cette salle! d'un luxe banal et triste avec ses cinq hautes fenêtres drapées d'étoffes chères d'un ton brutal, sa frise de potiches de Delft et d'assez belles faïences, ma foi, courant le long des murs pour l'estomirement de l'œil et, dans ce réfectoire de maison de santé pour millionnaires, ce public odieux, gazouillant, insolent presque de gens d'outre-mer, les hommes avec le complet moutarde qu'ils arborent chez nous à l'Opéra, les femmes, miracles d'ostéologies, dans des robes économiques de velours Liberty compliquées de satin noir avec, fichés partout, au cou, sur les épaules, à la ceinture, en bandoulière, en sautoir, toutes les broches-camées, tous les fers à cheval, toutes les mosaïques de Ravenne, tous les médaillons avec la photographie du *dear husband* ou de la *dear mother*, et tous les lourds bracelets et toutes les grosses chaînes et toute la bijouterie massive aux ors jaunes et mats de la prognate Angleterre. Et dire qu'à cause d'un Burn Jones, d'un Crane et d'un Rosetti, de quelques nuances acides de chez Liberty, jaune citron et vert salade à faire grincer des dents le ratelier d'un mort, et d'un ou deux velours ras à dessins assez élégants de chez Maple, nous nous extasions sottement, la petite classe surtout, devant cette nation de gros mangeurs et de jeunes athlètes et de *little girls for old men*, qui nous méprise, nous hait et nous connaît à peine (voyez les ovations à Zola qu'elle a pris pour un journaliste) ; et au fait pourquoi ne nous mépriserait-elle pas, puisqu'au fond elle n'estime qu'elle-même, elle et sa supériorité de vieille dame puritaine, industrielle, tempérante, indépendante, protestante et anti-humaine, avec ses longues dents d'ogresse, ses fortes mains de boxeur et ses pieds plats à talons plats, qui la font la première nation du monde des ascenseurs, des téléphones et des petits télégraphistes à l'usages de Leurs Majestés ?

Ah ! cette Angleterre ! quelle robuste haine j'ai puisée contre elle et ses chers sujets dans cette salle à manger des Trois-Rois, devant ces impassibles et rogues figures aux yeux ronds, à la lourde mâchoire perpétuellement en mouvement ! Et la coiffure de ces dames, donc ! cette espèce de tourte en dentelle qu'elles arborent toutes, inévitablement, sur des petits chignons plats et qui les font ressembler toutes à des nourrices sèches pour *royal children*, ces *royal children* qu'on mène si strictement au prêche tandis que leurs ascendants après le champagne et le tokay, chiffonnent si élégamment les jolies babies d'Irlande.

Oh ! ces vieilles Anglaises ! ces figures de contes d'Hoffmann au teint de jambon, physionomies rébarbatives ou grimaçantes de vieux procureurs auxquelles vraiment il ne manque que la perruque, m'ont-elles assez empoisonné les rues de Bâle et les lacs de Suisse ! Telles je les avais rencontrées en hiver, déambulant à dos de chameau par les rues de Biskra, telles je devais les retrouver, souriant de tous les palets d'ivoire de leur bouche devant le Saint-Georges — *O the most splendid indeed* ! — de la cathédrale et les cartons d'Holbein, — *O very beautiful, Lily*, — et les vieux Cranach du musée.

Et cette nourriture qu'ils ont imposée désormais

dans tous les hôtels d'Europe, ce régime de viande sanguinolente et de légumes cuits à l'eau que peuvent à peine relever leur *national pickles* et leur *Worcester-sauce*, ce sourire immobile qu'ils ont fini par incruster dans la face de la domesticité, et toute cette indigeste et dense copie de la presse anglaise qu'on retrouve dans tous les salons de lecture d'hôtels cosmopolites, à Lucerne comme à Alger, à Madrid comme à Bâle, y compris naturellement le *Times*, le *Times* surtout, où les quotidiennes injures que nous adresse M. de Blowitz l'ont immédiatement désigné pour le ruban de la Légion d'honneur à l'heureux choix de nos gouvernants !

III

LE MARCHÉ

Une des curiosités de Bâle, un sûr émerveillement pour les yeux du touriste, que la place de son marché parcouru ce clair et déjà froid matin d'automne.

C'est un entassement de femmes de tout âge et de tout costume, marchandes de la ville, Suissesses de la campagne, *Gretchen* à cheveux filasses de l'Allemagne voisine, assises là sur d'innombrables rangées de bancs et de chaises dans toute la largeur de la place ; des marchandages à voix plutôt douces et lentes, où l'affreux accent tudesque disparaît presque dans une langueur italienne, un va-et-vient de servantes à bras nus, d'une propreté exquise et, dans l'intervalle des bancs, le plus décoratif étalage qu'on puisse imaginer de légumes et de fruits.

Oh ! la transparence nacrée, l'ambre fluide et le noir velouté des raisins aperçus là, au pied de flegmatiques vendeuses toutes occupées à tricoter et levant à peine la tête de dessus leurs aiguilles pour répondre aux questions de l'acheteur! la vision de Terre promise, l'idée du pays de Chanaan évoquées par les monstrueuses poires, les pommes frottées de vermillon, les grappes à grains d'ambre, de lapis et d'agate de cet exclusif marché de légumes et de fruits, l'ancien marché aux herbes des villes du moyen âge.

Des couturières de modes, d'étroits tabliers de dentelles à la taille, le traversent d'un pas rapide, le temps d'y acheter une demi-livre de raisins qu'elles croquent en marchant; des cochers à longues moustaches blondes, bottés jusqu'à mi-cuisses et roses comme des filles sous leurs chapeaux ronds de cuir noir galonné d'argent, chuchotent entre eux en suivant les *fraülen* de l'œil, tandis que les chevaux s'ébrouent dans un parfum d'héliotrope et de rose, car la station de voitures se tient justement à l'extrémité de la place, à l'angle même de l'endroit affecté aux fleurs.

Un vrai coin de Nice ou d'une ville d'eaux italienne, cette partie du marché aux herbes de Bâle : résédas, œillets, roses remontantes aux tons de chair y foisonnent dans une jolie gamme d'odeurs et de couleurs ; l'air y est vanillé et relevé ici et là d'une pointe de poivre et, sans d'adorables petits nénuphars doubles, d'une blancheur de lait, qui rappellent le Rhin et ses légendes de fées couronnées de flèches d'eau et de plantes fluviales, on pourrait se croire sur la côte d'azur, dans quelque ville heureuse et tiède du Midi, dont Bâle a ce matin la transparence de ciel.

Oh ! ces petits nénuphars découpés comme des collerettes, collerettes de lutins de Shakspeare, m'ont-ils assez séduits avec l'or pâle de leurs pistils et le blanc charnu de leurs pétales ! J'avais pris l'habitude d'en acheter tous les matins deux ou trois pour mes boutonnières : mais hors de l'eau, le nénuphar se fane vite et la jaquette d'un élégant d'ici en consommerait bien dix avant le triple et le quadruple œillet blanc du soir.

Et l'atmosphère ambiante de ce marché aux herbes, son pourtour de hautes et vieilles maisons coiffées de tuiles brunes, les fresques à personnages moyenâgeux, reîtres à braies bouffantes et manches tailladées, hautes et nobles dames enfoncées de fourrures à la manière d'Holbein, courant le long des corniches, et la façade éraillée et ternie, mais vivante de la vie d'une vieille tapisserie, de son hôtel de ville peint dans toute sa hauteur tel un immense décor, comme tout cela confirme l'impression d'une ville ancienne et bien allemande, d'une de ces villes à évêques guerriers, comme la fantaisie d'Henri Heine en échelonne de Fribourg à Cologne dans les lieds du bord du Rhin ?

IV

PLUIE ET SPLEEN

Freiestrasse, *Schneidergasse*, *Martinsgasse*, *Leonhardstrasse*, *Fischmarkt*, il y a déjà deux heures que nous cheminons à travers le dédale de rues en *strasse* et de ruelles en *gasse*, dont nous épelons péniblement les noms, un œil sur notre *Bœdeker*, un autre levé aux enseignes des maisons, et cela sans avoir encore découvert un restaurant, une brasserie où oser nous aventurer.

Voilà deux jours qu'il pleut à torrents, deux jours que Bâle ébauche à travers une brume d'eau d'heure en heure plus dense une silhouette de plus en plus effacée de ville presque fantôme, une ville de toits rougeâtres crépitant sous l'averse, de clochers noyés, vaporeux, presque obscurs, une ville d'ombre enfin, dont la seule clarté est le reflet du Rhin, le Rhin aux eaux lumineusement vertes, enchâssé comme une vivante émeraude au milieu de cette cité pluvieuse.

Dans les rues c'est la boue, le pavé glissant, la fuite à larges enjambées d'Allemands balourds aux croupes énormes, le dos arrondi sous des parapluies ronflant comme des cribles ; c'est aussi le fracas des omnibus d'hôtel dévalant en trombe aux claquements désespérés des fouets, dans un éclaboussement d'eau. La journée de la veille, nous l'avons passée tant bien que mal, plutôt bien, au Musée ; les cartons d'Hans Holbein, quelques rares Cranach, les Manuel Nicolaüs et les Gerrit van Saint-Jans nous ont retenus, éblouis et charmés, dans ces longues salles de pinacothèque. L'après-dîner d'aujourd'hui, nous avons essayé de la tuer dans une seconde visite à la cathédrale, cette belle cathédrale gothique de Saint-Gall, aujourd'hui désaffectée, déshonorée et comme à jamais éteinte, figée et refroidie par le culte protestant.

Oh ! ces églises sans vitraux, dont une religion pratique et stricte comme une ménagère hollandaise a chassé le clair-obscur et le mystère pour y installer l'hygiène et le confort, avec quelle tristesse, quelle sécheresse froide la lumière y tombe des ogives naguère brasillantes des gemmes des verrières, aujourd'hui transformées en fenêtres d'école ! Comme on sent bien que la foi installée dans ces temples vitrés comme des halles, entre une bouche de chaleur et un compteur à gaz, n'a ni autel ni sanctuaire, raisonne, argumente et discute, mais ne console ni ne relève l'âme affaissée devant la vie ou terrifiée devant la mort.

Eh non ! elle ne nous avait guère été favorable, notre séance dans la cathédrale de Bâle, et ne nous avait pas guéris de la montée du spleen envahissant ! Oh ! le pianotement continu, hallucinant de continuité presque de cette torrentielle pluie contre ces pâles vitres embuées d'où tombait un jo r de classe, le jour de détresse infinie que les collégiens de la rentrée d'octobre retrouvent toutes les années traînassant sur leurs bancs. Ma foi, nous aimons encore mieux les petites rues boueuses et noires de la ville, et Dieu sait pourtant si nous grelotions sous l'averse, les pieds trempés et les mains gourdes, véritables chrétiens errants de la gourmandise chassés par l'insipide cuisine anglaise des *Trois-Rois* vers l'illusoire et l'introuvable havre d'un restaurant vraiment suisse ou allemand.

Au Parsifal, Fraiestrasse, 49 ; *Buhler*, brasserie, faubourg de *Steinen*, jardin en été dans le Sternengæsslein, *Shütz Enhaus*, etc. Mais le moyen de s'y reconnaître quand on ne sait pas un mot de la langue et qu'en fait de faubourgs, de rues et de places on possède uniquement le trajet de l'omnibus de la gare à l'hôtel et la promenade du bord du Rhin.

Non, en vérité, pas bien gai s par un soir plu

vieux d'octobre, les moyenâgeuses rues du vieux Bâle, si colorées et si pittoresques par un beau matin de soleil avec leurs pignons sculptés, leurs armoiries parlantes et leurs fresques à personnages, ribauds et ribaudes, reîtres et lansquenets, courant de corniche en corniche et mettant des Hans d'Holbein le jeune à tous les étages des maisons commerçantes ! Et leurs ferronneries donc, les enguirlandages fleuris d'épis, de rosaces et de trèfles des potences d'enseignes, et tout le bestiaire héraldique, lions ailés, licornes et griffons, jaillissant dans un hérissement de griffes et de dents au-dessus des devantures des marchands !

Tout cela s'est confondu dans l'humide et l'obscur des rues mal éclairées, dans un vague fantômatique à peine rassurant. Toute cette ferraille grince d'une manière assez lugubre au-dessus de vos têtes et l'on s'attend toujours à quelque effondrement. Les étals des charcutiers flambent seuls, presque magiques ; et c'est, derrière leurs glaces, un amoncellement de langues écarlates, de jambons roses et de lards moelleusement blancs, une tentation brutalement offerte de gelées brunes et transparentes, d'andouillettes doucettement grises, de cervelas marrons tiquetés de rouge et de monstrueux saucissons, des saucissons énormes, invraisemblables, comme on n'en voit qu'en Allemagne, pantagruéliques victuailles qui m'expliquent presque l'anormal développement des hanches, du bassin et du reste remarqué chez les Allemands.

Oh ! ces étalages des charcutiers de Bâle ! Ce sont eux et leurs alibiantes promesses qui m'ont induit en cette poursuite folle sous le vent et la pluie, en cet inane et vain pourchas à travers les ténèbres des rues, vers un intangible restaurant (*restauration*), où satisfaire un appétit devenu impérieux comme un rut, une gourmandise cérébrale attisée et flambante comme un feu de luxure !

V

UNE RESTAURATION

A la brasserie Frederitz, près de la poste. — Un pâtissier confiseur, l'inévitable pâtissier des villes suisses et allemandes, qu'on finit par adopter en voyage pour y prendre le chocolat vanillé du matin et le thé au citron de cinq heures, a bien voulu nous indiquer la brasserie Frederitz ; c'est, paraît-il, la première cuisine de la ville, la restauration où se réunissent les gourmets de l'endroit en mal de dîner fin ; et sur la foi des traités nous y voilà installés, dans une petite salle lambrissée du haut en bas de sapin verni, aux petites tables d'érable astiquées et luisantes, une claire et nette petite salle embaumant la résine et le linge frais, mais où nul dressoir chargé de victuailles, nul couvert traînant sur les tables n'indiquent qu'on est ici dans un restaurant. Pas l'ombre d'un client, d'ailleurs, et pourtant il est près de huit heures ; dans une salle voisine, séparée de la nôtre par une baie drapée de velours sombre, des buveurs de bière éclatant de graisse, cuisses écartées et faces épanouies, culottent d'énormes pipes de faïence, attablés devant des chopes, et quelles chopes! elles mesurent bien un litre. Ces Bâlois en avalent facilement dans leur soirée de huit à quinze, et l'on se demande avec terreur où ces gros hommes, si gros qu'ils soient, peuvent bien loger tout cela; ils tirent une bouffée de leur pipe, lampent une demi-chope et se remettent à fumer en silence avec une placidité toute olympienne (olympienne du Walhalla); une épaisse fumée emplit la salle où l'on boit, mais on y entendrait presque voler une mouche. C'est dans un calme quasi-extatique que tous ces blonds Meinherr arrosent de bières allemandes et viennoises leurs lentes digestions de choucroute au cervelas. Ah! nous sommes loin des tabagies à paradoxes et à discussions épileptiques des estaminets parisiens! combien plus loin encore du tohu-bohu fracassant des cafés de Marseille, qu'assourdissent comme d'incessantes querelles, au fond de simples débats d'affaires; le Parisien, lui pourtant si bruyant, croit à des pugilats.

Au reste, dans ce Bâle demeuré bien de l'ancien temps, rien de la réclame à grand tapage, rien de l'effrontée publicité et de l'impudent raccrochage à même le trottoir de l'établissement anglais ou parisien. La restauration, ici, ne s'ouvre même pas sur la rue, elle est un appartement particulier dans une maison et il faut la deviner derrière ses deux ou trois fenêtres de façade hermétiquement tendues de stores, fenêtres un peu plus éclairées peut-être que celles du logement voisin, mais qui pourraient être aussi bien celles d'un atelier de bijouterie, d'un bureau d'agent de change ou même du salon où la Charlotte allemande beurre les tartines de ses enfants.

Enfin, nous y voilà donc, dans cette brasserie Frederitz. L'atmosphère y est tiède, le gaz y flambe haut, et notre impression de bien-être est doublée par le dégoulis de la pluie qui tombe. Nous voilà en humeur de faire fête à la cuisine bâloise, quels que soient ses menus.

La carte que nous offre une assez jolie servante, ma foi, est d'une longueur tout à fait affriolante ; il y a bien là à choisir entre vingt-cinq ou trente plats; mais malheureusement cette carte est dressée en langue allemande et, comme nous n'entendons pas plus le deutsch que la jolie servante n'entend le français, nous voilà bien avancés ; et, après quelques efforts infructueux pour nous faire comprendre, c'est le supplice de Tantale qui commence et, en désespoir de cause, la Gretchen aux bras nus, au tablier de soie changeante orné de dentelles, nous plante tranquillement là... Mais la voici qui revient, amenant cette fois avec elle la maîtresse de l'établissement, une Gretchen aux mêmes bras nus, au même tablier de soie miroitante, mais un peu plus montée en graine.

Madame, elle, entend le français et, après d'interminables *ya, ya,* nous obtenons une bouteille d'inferno, un petit vin italien d'une sauvagerie musquée qui râpe un peu la langue, et un potage à la tomate où nagent des petits morceaux de viande, le tout d'une saveur assez spéciale ; mais ici s'arrête le menu ; l'honneste dame nous comprend bien, mais impossible à nous de la comprendre.

Un plat dont l'énoncé tient au moins deux lignes nous attire et nous intrigue ; nous avons beau le montrer du doigt à la dame, elle sourit, ébauche des petits gestes, tortille son tablier et hausse les épaules et, à bout de compte, ne trouve que ces mots : « *Bedide bède qui court.* » Petite bête qui court ! mais toutes les bêtes courent. Où ça court-elle, votre petite bête ? » demandons-nous, avides d'éclaircissements, à quoi la Gretchen souriante : « *Bedide bêde qui court très haut, tans la mondagne.* — Du gibier alors, du lièvre, du lapin, du faisan ? — *Non pas qui vole, qui court, du gibier,* ya... *chamou.* — Du chat mou » faisons-nous avec horreur, mais il ne s'agissait que de s'entendre, Ce *chamou* était du chamois « *et servir avec tes rubans* », ajoutait notre aimable hôtesse, lesquels rubans étaient des lazagnes. Il était d'ailleurs exquis, mariné à point et tendre comme un agnelet avec un fumet de genièvre et de haute venaison, ce quartier de chamois aux lazagnes, et je ne saurais trop recommander aux touristes arrêtés à Bâle la cuisine de la brasserie Frederitz.

Mais c'est égal, il fallait notre patience de gourmands exaspérés pour y dresser un menu mangeable. Quartier de chamois aux lazagnes, « *bedide bêde qui court tans la mondagne servie avec tes rubans* »

UN HOLBEIN

Pour Octave Uzane.

La joie et la frénésie de mouvement de ce dessin colorié d'Hans Holbein (1), la trivialité et la gaieté rustaude de ces gueux dansant avec leurs commères, voilà certainement un des meilleurs souvenirs de mon voyage dans la Suisse allemande, le franc éclat de rire des longues heures passées dans ce musée de Bâle à admirer en détail ces merveilleux cartons d'Holbein, tout fourmillants de reîtres empanachés, de batailles à la lance, de corps à corps entre soldats, de somptueuses dames engoncées de fourrures et d'étoffes bouffantes, de licornes et de bêtes héraldiques, de banderolles et d'armoiries jetés de la main la plus sûre au milieu des plus hardis motifs décoratifs.

(1) Holbein le jeune.

D'autres ont parlé, et certes avec plus de compétence que je n'en aurai jamais, moi qui ne demande à l'art que de l'émotion et du charme, et de son Christ mort si douloureusement moderne et de sa série de la Passion et du rendu presque hallucinant de ses portraits ; mais nul, j'en ai l'intime certitude, n'aura aimé plus profondément que moi cette truculente et furieuse guirlande de ribaudes et de gais compagnons, indéniables aïeux des buveurs de Téniers et de ses éhontés pisseurs de Kermesses. Ce sont les mêmes bustes lourds et trapus, les mêmes cuisses larges et musclées, le même déculottage grotesque, les chausses rabattues sur les tiges de bottes, avec les mêmes apparitions de grosses chairs fessues, les mêmes effrontés soulignements de brayettes : tout cela danse et gambade dans un pittoresque d'attitudes et de costumes inénarrables, et, véritable fresque du rire où chaque détail chatouille et soulève la rate, se déroule en huit couples saltants, comme écrasés dans l'étranglement d'un cadre bas tout en longueur que le front des personnages touche presque.

Oh ! ces huit couples de ribauds en liesse se démenant chacun avec une compagnonne qu'ils entraînent rudement par la main, comme vers un feu de la Saint-Jean ou quelque ronde de vendange ! C'est d'abord, tout au fond vers la gauche, un faraud de campagne à mine trognonnante, qui s'élance à la danse en gigotant sur place ; une étonnante cuisse nue enveloppée de linges blancs, des bottes éculées aux pieds, un fusil de boucher pendu à sa ceinture, il tient bras dessus bras dessous une forte paysanne à profil de Cérès coiffée à la sauvage d'un encorbeillement de fleurettes et de feuilles, et, tandis qu'il piétine de joie et agite frénétiquement un bras dont la chemise est percée au coude, sa compagnonne, elle, qui se précipite, découvre sous le plus étonnant envol de jupes rouges deux bas de jambes de cariatide fabuleuses, énormes.

Le couple avoisinant a, lui, tout l'air d'avoir commis un mauvais coup ; il s'esquive prudemment de la fête et c'est à larges enjambées que l'homme détale, les fesses en l'air, la chemise en lambeaux, traînant par la main une commère à mine hypocrite et dévote, vraie tête de béguine avec ses yeux baissés, son large front coiffé de bandeaux plats, attitude et regard de mendiante de porche. Suit-elle assez humblement son malandrin de mari ! Elle est d'ailleurs vêtue de la plus chaude robe, d'un camail de drap et porte à ses pieds de bons souliers neufs, la sournoise danseuse !

A côté d'elle éclate en toute sécurité le formidable entrain de deux couples en liesse : c'est d'abord, le poing campé sur la hanche et la tête encadrée d'un capuchon de fou, un gros homme qui s'écarquille et gambille dans une pose de danseur de bal de barrière... presque ; et ce qu'il tient fièrement haute la main de sa commère, une ingénue Suissesse gorgiassée et pansue comme une maritorne, le ventre et les cuisses terriblement moulés par une robe à plis à la Botticelli ! Oh ! l'air de candeur inouïe de cette fiancée de taverne sous sa couronne de fleurs des champs, ses lourds bandeaux tressés et la timidité de ce corsage démenti par la robuste maturité des jambes ! Avec quelle attention de jeune femme pudique elle règle ses entrechats sur les écarts excessifs de son homme et comme on sent qu'il est aimé pour lui-même par cette *yungfrau* de carrefour, ce lourd compère à tête de marotte, à braguette exhorbitante et qui danse, le croirait-on, armé d'un gigantesque tranchoir ? Le couple voisin, motif central de la frise, dégage une joie peut-être plus hilarante encore : c'est le trémoussement du ventre et des hanches, le *Vive la danse et la bombance* ! et l'entrain endiablé d'un couple pansu de bourgeois cossus, s'en donnant, après ripailles, en voilà en veux-tu, et de la croupe et des jarrets, et de tout.

Oh ! le teton en avant et le bedon en bataille de cette réjouie Gargamelle, le *Ohé* ! de sa large bouche entr'ouverte sous le retroussis de son nez camard et le bouffant des manches énormes, et l'envolement de la juppe plissée que retient une main de cuisinière ! Comme tous les détails indiqués ici par l'artiste soulignent, à travers toute cette joie, l'aspect de dignité et de fortune assise dans la mafflue danseuse, tout, jusqu'à l'espèce de coiffure monastique dont s'encadre et se voile ce profil de maquerelle !

Un gros entripaillé à tête de Triboulet la tient par la main et se dandine lourdement en face d'elle ; le poing sur la hanche, la bedaine sanglée dans un casaquin vert, il se dépense en grâces pataudes d'ours savant, un bon sourire sur ses lèvres lippues, et penche un peu sur l'épaule une tête enroulée à la turque dans un grand pan de toile avec nœud compliqué retombant sur l'oreille et dans le nœud, un bouquet de fleurs roses, un bouquet de turban !

Entre ses jambes brinqueballent une énorme escarcelle et un long couteau dans sa gaine : c'est évidemment un richard.

Ce ne sont plus les va-nu-pieds et les gueux à chemises trouées de l'autre bout de la frise, tire-laines à fesses nues montrant tout ce qu'ils portent, ou farauds de village à chapeaux de moissonneurs : ceux-là sont de la ville, quelque ville du Rhin à cuisine succulente débordant de mangeailles, pays de franches lippées et de joyeux festins auxquels on a convié ces gueux de campagne.

Les voici d'ailleurs qui reparaissent à droite du gros couple du centre, et avec eux les trepignements sur place, les larges mains levées en signe de joie de rustres invités à de citadines agapes ; et c'est, chez les hommes, le même désarroi de costume, des chausses en lambeaux aux bottes écu-lées, les mêmes cuisses où tous les muscles font saillie, et, chez les femmes, les mêmes jambes épaisses et courtaudes, le même encorbeillement de fleurettes et de feuilles mettant au-dessus de leurs têtes chevalines une coiffure de dames de Taïti.

Et l'air de salacité répandu sur tous ces visages, le dernier couple surtout, des miséreux ceux-là, l'homme presque nu, pis, déchaussé dans ce pays de neiges et de montagnes ! Avec quelle ardeur concentrée il étreint de toute la force de son bras à monstrueux biceps la main de sa ribaude, une ahurie fillasse à tignasse jaunâtre qui lui tourne le dos et regarde de côté, presque indifférente à la fête.

Et pourtant Dieu sait si s'époumonnent les deux musiciens joueurs de flûte et de cornemuse, qui occupent l'extrémité du tableau !

Deux figures charmantes en vérité et presque italiennes de grâce et de mouvement. D'abord le joueur de flûte ou de trompe, sait-on ? car si l'ex-trémité de l'instrument se recourbe, l'agilité des dix doigts qui le tiennent est celle des ægipans jouant de la syrinx le long des bas-reliefs ; et de bas-reliefs est aussi la pose de ce jeune Bâlois vêtu en pifferaro et se cambrant mollement en arrière pour mieux souffler dans sa trompe al-pestre une trompe que ses bras nus élèvent avec amour, tandis que ses yeux se baissent et défaillent sous un grand chapeau d'Italie plus empanaché qu'un crest guerrier.

J'ai écrit Bàlois et pourquoi pas Italien, après tout ? Ne sommes-nous pas ici tout près des lacs de Côme et de Lugano, à quatre heures de marche de ces jardins de Lombardie où toute la grâce des races latines a pu, que dis-je ! a dû apparaître aux yeux charmés du vieux maître allemand ? La figure du joueur de cornemuse assis de coin sur une table de pierre, cippe ou autel, n'est-elle pas plus italienne encore? Sous sa chevelure brune couronnée de raisins et de pampres c'est un véritable faune qui s'agite et se démène, et le mouvement forcené de ses jambes guêtrées, comme celles des Piémontais, rythme évidemment un air de tarentelle ; ces ribauds et ces commères dansent, sans s'en douter, aux accords primordiaux d'une chanson du dieu Pan.

Le traditionnel seau de bière, le pichet de kirsch et les monstrueuses charcuteries allemandes ont beau se dresser sur la table rustique où s'accotent les deux musiciens. Cette table est un autel, elle en a la forme et l'élégance un peu sèche et, malgré le bouffi de leur laideur allemande, c'est l'Italie musicienne des bas-reliefs des Lucca della Robbia et autres qui vit et transparaît dans l'attitude ingénument joyeuse et presque primitive de ces deux sonneurs de branle, et c'est la Lombardie charmeresse et chantante qu'écoute inconsciemment la roussâtre Allemagne, la fille à chairs molles, à toison couleur chanvre, qu'étreint si violemment son va-nu-pieds de mâle, coupeur de bourses hier, lansquenet de demain.

UN PRIMITIF ALLEMAND

Pour le docteur Samuel Pozzi.

Au musée de Bâle par une pluie battante, une averse continue et froide qui noie l'horizon des toitures rougeâtres dans une brume d'eau d'heure en heure plus dense.

Un jour trouble et jaune versé par une haute galerie vitrée met dans les salles une atmosphère de spleen et c'est sous ce ciel bas, grisâtre, couleur d'écaille d'huître, que nous errons depuis le matin dans la ville boueuse. C'est au monotone clapotis de cette pluie et sous ce ciel vitreux que nous venons d'examiner un à un les admirables cartons d'Hans Holbein.

Le musée ferme à cinq heures, il en est quatre et nous ne faisons qu'entrer dans le salon de peinture.

Au milieu du fouillis des dorures des cadres et

de l'éclat terni, adouci, devenu somptueux à la manière d'un vieux brocart de toutes ces toiles enfumées et saurées, un tableau nous saute aux yeux d'abord, nous prend et nous attire par ces tons délavés de vieille fresque et la sécheresse infiniment précise et précieuse de ses lignes : très grand, évidemment peint à l'œuf et d'une conservation remarquable, il est placé très haut au-dessus d'une porte et représente un jugement de Pâris sur un fond de forêt pareil à une verdure :

Une verdure flamande aux arbres fabuleusement bleus, aux frondaisons pareilles à des choux, de gros choux pommelés indiqués feuille à feuille avec, çà et là, la rondeur d'une pomme frottée de vermillon ou de quelque cédrat peinturluré d'orange. Ni lointains, ni ciel, ni second et troisième plans, ce fond de tapisserie était tout le paysage.

Un Pâris allemand, tête moutonnière et blonde aux cheveux crespelés et courts, en occupait la gauche, assis au pied d'un arbre et drapé, il faut l'avouer, dans le plus magnifique vêtement : une étoffe de drap d'or à larges rayures roses, dalmatique ou rhingrave retombant à grands plis sur deux jambes moulées dans un maillot bleu ciel !

Mais devant cette figure assez banale en somme, arbalétrier d'un des douze cantons ou jeune baron du Rhin accommodé à la païenne, une nudité de femme s'érigeait presque crayeuse à force d'être blanche : une nudité quasi-fantôme à la manière des nymphes à la fois immobiles et fuyantes, un peu spectrales dans leur sveltesse lumineuse, qu'évoque en ses fresques Sandro Botticelli. Des Botticelli elle avait aussi, cette figure de femme, l'ennuagement de gazes et d'étoffes transparentes aux plis harmonieux et précis, elle en avait les bras déliés et fins aux gestes contournés, aux mains souples; mais sa nudité frêle et pourtant bedonnante, ses hanches haut remontées, ses seins oblongs et durs décelaient vite une Vénus allemande, la femelle plutôt bâtie pour les robustes maternités que pour l'amour. Certes oui, elle était bien Bâloise, Bavaroise et des provinces rhénanes, cette figure dont la pâleur de linge et l'enveloppement lumineux nous avaient, dès l'entrée, fait croire à une peinture italienne; bien allemands son profil de femme grosse, ses cheveux d'un blond fade et la crête en astragale découpée comme une fougère, droite comme une fumée dont s'empanachait son front.

Crêtée de bleu comme un oiseau des îles, elle se tenait debout, le ventre en avant, une main tendue vers le beau Priamide, lequel venait d'y déposer la pomme.

Immédiatement près d'eux c'était, en robe d'électrice à larges raies bleu de mer et rouge rose, une robe comme taillée dans un vieil étendard, la déesse Junon elle-même : manches bouffantes serrées aux coudes, corselet d'étoffe cramoisie avec, brinqueballant sur un décolletage de cour, tous les chainons d'or fin, tous les colliers ciselés, émaillés et bossués de rubis cabochons des parures d'alors; c'était, dans toute sa magnificence, le luxe solide et presque arrogant d'une haute et puissante dame de l'Empire, princesse de naissance, d'alliance et de rang; oui, c'était bien l'orgueil de la femme légitime, demeurée quand même un peu bourgeoise au milieu des splendeurs de l'Olympe, qui gonflait et le cou et les joues de cette déesse en escoffion.

En revanche Pallas étonnait; car cette figure indolente et rose d'Allemande lymphatique au gros ventre et aux grosses cuisses, à peine voilées d'un baudrier mis en sautoir, était bien (on ne pouvait en douter) la Pallas Athènè, la Minerve au hibou de la Sagesse antique. Son attitude offerte en ce coin de tableau, sa place même à côté de Junon complétaient la scène, parachevaient le mythe.

Minerve, la glaucopis Athènè de l'Iliade et des poèmes d'Homère, la Minerve du Parthénon, cette nudité de dondon gorgée de porc fumé et de bière, cette Isabeau des étuves harnachée en Bradamante par un caprice de reîtres en gaieté! Car c'était là l'idée qu'évoquait, qu'imposait cette Minerve tétonnière avec son bouclier rose, son baudrier vert et son épée attiffée de rubans! Et la gaucherie de la bonne grosse fille à soulever cette épée d'une main, tandis que de l'autre elle retient sur sa hanche le bouclier qui lui glisse des doigts! Etait-il assez de mascarade, assez fantaisie de soudards en liesse, cet ajustement de belle gouge en déesse guerrière ! Et comme tout trahissait dans cette Pallas de bourdeaux l'improvisée folie d'une nuit de ripailles, l'inspiration subite de soldats en goguette mettant au port d'armes la ribaude de leur cœur ! Des lurons ont jugé bon, les pots vidés, d'adorner à leur façon une grosse fille de joie ! A quel point cette lubie de clients échauffés amusa cette belle haumière, son attitude bougonne et son buste affaissé en font foi.

L'un pour la cérémonie a prêté son baudrier, l'autre son écu blasonné pour la circonstance drapé d'étoffe rose, et le troisième enfin son épée de combat pomponnée de rubans ; et c'est cette scène de bouge que *Niklaus Manuel Deutsch*, maître observateur mais d'imagination courte, a saisie de son pinceau, ravi de l'occasion.

La Vénus, l'Italie la lui a fournie, idéalement blême et même un peu macabre avec des rappels de l'école de Florence, école encore présente à sa mémoire de gros jouisseur allemand; mais à travers l'envolement aérien des draperies c'est la nudité de la femelle saxonne qui transparaît et s'affirme quand même ; et la grosse fille des bourdeaux de Hambourg, de Francfort et de Bâle a hanté malgré lui le rêve de Manuel obsédé de souvenirs de fidèle client.

La Lombardie des Mantegna et des Lippi a bien

donné les bras frêles et fins, les mains maniérées et légères, mais l'Allemagne triomphe et pèse de tout son poids dans le ventre en pointe, les pieds longs et plats et les rigides seins en poire dessinés avec la sévérité d'un Albert Dürer.

Pour sa Junon, Manuel, en bon Bâlois, n'eut qu'à regarder une sortie de grand'messe à la cathédrale. Junon, c'est la riche et mafflue bourgeoise de l'époque, la très haute et puissante dame gorgiassée de Falkenburg ou Falkenstein, femme d'électeur et maîtresse d'évêque, fourrée d'hermine, écrasée de joyaux, craquante de brocarts et de draps de soie miroitants; sa Junon a posé vivante devant lui sous le porche sculpté de Saint-Gall; il l'a cent fois croisée dans l'église même ou dans la rue, se rendant aux vêpres ou bien en venant.

Mais Minerve, la pure et sévère Athènè, l'immortelle pensive au noble front lauré, où la trouver parmi ces apathiques et trop blondes Allemandes aux gestes passifs, aux blanches chairs molles ?

Un hasard comme il n'en existe que pour les artistes, une scène d'auberge, une invention de reîtres après boire, l'idée drôle, la folie de minuit d'une escouade d'hommes d'armes attardés aux étuves devaient la lui fournir. Cette Minerve d'ailleurs rousse comme une courtisane et dépeignée comme une nuit de rut, un détail de parure achève de la stigmatiser et de la consacrer ce qu'elle est, fille de bouge à soldats, hochet de gardes-suisses et de lansquenets de l'Empire : l'invraisemblable crest de plumes blanches dont on la voit coiffée, le crest extravagant, chimérique, héraldique d'un chevalier d'Holbein, le *plumaige* guerrier de quelque bailli autrichien peut-être attardé cette nuit-là derrière les volets clos de la mauvaise maison.

UN MANUEL DEUTSCH

Pour Karl Huysmans.

Au musée de Bâle, dans la salle même des portraits d'Holbein, un tableautin d'une couleur délicate et d'une préciosité infinie s'impose à l'attention par son éclat amorti de joyau patiné par le temps ; il est signé Manuel Deutsch, le Niklaus Manuel Deutsch du *Jugement de Pâris* récemment admiré dans la même salle, et représente cette fois une scène du Nouveau Testament, une Salomé recevant sur un plat la tête décollée du prophète.

Salomé, la danseuse, la buveuse de sang et la fleur vénéneuse du festin du tétrarque, la Salomé du conte de Gustave Flaubert et des aquarelles de Gustave Moreau, Salomé ! Et c'est à vous que je songeais aussitôt, mon cher Huysmans, vous qui avez aimé jusqu'au péché les sveltes nudités cuirassées de pierreries de l'écrivain et du peintre ; et pour vous, qui dans d'inoubliables pages avez évoqué comme personne le dangereux fantôme de ces délicieuses mortes, ces mortes lointaines et si vivantes avec leur charme de grandes fleurs passives, poussées dans des siècles sacrilèges et jusqu'à nous épanouies par l'occulte pouvoir de la luxure et de la peur, pour vous aujourd'hui hanté jusqu'à la maladie par le masque tragique au sourire figé des princesses de rêve, je vais tenter de faire revivre ici la Salomé bâloise du vieux maître allemand.

Dans une étroite allée de jardin d'automne aux frondaisons rougeâtres exaspérées par le vert sombre des cyprès, Salomé, debout au seuil d'une poterne, tend avec une gravité naïve un large plat d'argent au bourreau.

Un vrai reître empanaché de la Renaissance allemande, ce bourreau en chausses mi-parties, chaperonné d'écarlate et écarquillé sur ses jambes héronnières dans une attitude de Méphisto. Il a une tête étroite et rousse de lansquenet suisse, la barbe en pointe, la moustache en bataille, et sa veste de velours prune bâille, mal agrafée, sur une chemise de fine toile de Frise. Il tient par les cheveux hérissés droits la tête sanglante du Précurseur. Le désarroi de son costume, l'effarement comique de sa physionomie aux sourcils relevés, l'agilité clownesque de ses longues cuisses bariolées emplissent le centre du tableau d'une gaieté terrifiée de pantomime.

Vers la gauche, une espèce de matamore enturbané de rouge, demi-Turc, demi-traban dans de bouffantes grègues bleues, emporte hâtivement vers une tour une civière où s'ébauche un cadavre, le corps mutilé de saint Jean ; l'autre porteur est déjà engagé sous la voûte. L'exécution a été clandestine, sournoise et les meurtriers effarés de leur crime ont hâte d'en faire disparaître les moindres traces, évidemmei .

Salomé seule affecte au milieu de cette scène de carnage une impassibilité souriante. Debout à la droite du bourreau, au seuil même (il est plus que probable) de la salle du festin, elle est vêtue en noble dame du Rhin ; gorgerin falbalassé et jupe ronde à larges rayures roses et vertes, mais sa robe est fendue sur les hanches et ses jambes nues, pantalonnées de gaze bouffante, trahissent la danseuse, la princesse sarrasine. Si le corsage à manches tailladées et le béguin à trois pièces ornementé de perles proclament l'électrice de Souabe et de Bavière, la belle-fille du duc Hérode, — telle devaient la comprendre les artistes du temps, — les chevilles nues, serrées d'anneaux sous la transparence des gazes, dénoncent la séductrice aux grâces provoquantes d'almée, la princesse orientale qui danse devant les hommes pour obtenir la tête du Juste, la créature de luxe, de luxure et de perdition.

Derrière elle une femme déjà vieille, le visage

enveloppé dans des blancheurs de linge, la coiffure quasi-monastique des matrones du temps, s'impose comme Hérodias; cette face de cire à la bouche serrée a dû conseiller le meurtre, l'ordonner, l'inspirer. C'est bien là le visage haineux et contracté d'une vieille reine hébraïque, le masque bilieux d'une âme ulcérée de rancune, mais à côté d'elle, une autre figure étonne et détonne : celle d'une jeune femme somptueuse, gracile et dans tout l'éclat d'une beauté hautaine ; et rien ne peut expliquer dans cette scène légendaire la présence de cette éblouissante suivante, devant laquelle s'éclipse et pâlit jusqu'à la jeunesse même de Salomé, à moins que Manuel Deustch n'ait voulu peindre en elle le symbole de la triomphante Luxure, la Luxure qui dissout les moelles et les volontés, la Luxure qui fait ramper à genoux et les rois et les hommes, et de là alors ce diadème ailé comme un casque, dont il l'a coiffée et qui la fait quasi divine sous le double envol de deux grandes ailes déployées, telle une Valkyrie du mal.

Et je restai longtemps songeur devant la naïve peinture, combien différente des architectures de rêve et de splendeur où Gustave Moreau fait surgir les nudités cuirassées de béryls et de sardoines de ses princesses impures, et cependant, en y réfléchissant, pas si éloignée que cela des charmilles d'ifs et de cyprès, où il fait passer furtives certaines

Salomés porteuses de têtes coupées sur un plat d'or, des Salomés plus grecques qu'israélites dans leurs robes étoilées de rosaces d'émail, aux gestes pieux de belles muses pleurant la mort d'Orphée. Comme un trouble d'incantation m'opprimait. Il y a de la sorcellerie dans cette légende d'une vierge enfant dansant nue devant un roi vieillard pour lui arracher la condamnation d'un prophète. C'est devant le mystère et l'offrande d'une symbolique fleur de lotus que la virilité exténuée d'Hérode se réveille et s'allume jusqu'au consentement du meurtre; c'estdans un relent d'équivoques parfums, odeurs de fleurs, pâmée d'essences et de sexe que la princesse tueuse d'anachorètes surgit du fond de la tapisserie fabuleuse à la trame ourdie par le songe des siècles.

Cette odeur d'ancien péché, une série de quatre tableaux signés d'un vieux nom flamand, quatre consolants primitifs du coloris le plus ardent et tout brûlants d'une foi naïve allaient m'en délivrer.

Telle une pincée d'encens jetée sur des braises dissipe les larves attentives et rompt en s'évaporant le charme délétère des coupables méditations, ainsi ces quatre Geritt-Van-Saint-Jan soufflèrent tout à coup sur mon front un air plus vif, comme un vent aromatisé et frais de pays de montagnes. Le malaise accablant, la coupable langueur infiltrés dans mon moi par la nostalgie de siècles idolâtres se dissipèrent soudain ; l'enthousiasme contagieux d'un artiste de foi avait vaincu Salomé et son charme, et si j'ai dédié le suggestif et cauteleux Manuel Deutsch à l'auteur d'*A rebours* et même de *Là-Bas*, je veux tenter de rendre la ferveur des Geritt-Van-Saint-Jan en l'honneur du romancier converti d'*En Route*.

Le même fond d'or damasquiné dresse entre leurs montants un fleurage héraldique d'orfèvrerie émaillée, et sur cet or encrassé par le temps les personnages se silhouettent, comme incrustés et peints des couleurs les plus vives et les plus tendres à la fois, dans des roses d'ibis et des bleus paon fanés, qu'exaspère encore un uniforme dallage vert d'un translucide vert pistache, courant dans le bas des quatre toiles.

Or, parmi ces tableaux, deux surtout énigmatiques et d'un attrait obscur forment une sorte de suite, où le même personnage somptueux et masqué par deux fois se retrouve.

C'est un chevalier casqué, grand, svelte, souple et fort sous les fines niellures d'une superbe armure noire. Visière baissée, il marche d'un pas délibéré et rapide, plein de solennité pourtant, car il porte à la main un merveilleux ciboire tout bossué de pierreries et de liquides émaux; comme une sombre ferveur l'anime, car ses longs pieds chaussés de fer pèsent à peine sur le dallage aux transparences d'eau, les énormes molettes de ses éperons d'or y jettent la lueur brève de deux grandes étoiles, et dans l'ardeur de son allure à peine sent-il peser sur les plis de son manteau le pied maladroit de l'écuyer qui le suit.

Egalement en habit de guerre, les jambes revêtues d'acier, mais un bliaud de pourpre jeté sur son armure, celui-ci s'avance tête nue ; il montre une face moutonnière et naïve, un peu rustaude sous son hâle de robuste puceau guerrier, mais ses yeux sont ailleurs, fixés droit devant lui, vers le but inconnu d'hommage et de piété où l'entraîne son maître ; car il porte, lui aussi, entre ses mains jointes une précieuse offrande, le plateau d'or enjoaillé de gemmes sur lequel son maître tout à l'heure offrira le ciboire, et un tel élan de foi le soulève et l'emporte qu'il marche inconsciemment sur le long manteau bleu du chevalier masqué.

Parsifal encore ignorant au service de quelque Lohengrin de mystère, un Lohengrin à l'armure noire, tout de renoncement et de deuil, et se hâtant vers l'adoration de quelque Graal à travers les longs couloirs somptueux et glacés, dallages de porphyre et murailles peintes à fresques, d'un légendaire Montsalvat.

Dans l'autre tableau l'écuyer a disparu, le chevalier obscur a atteint le but de son pélerinage. La visière enfin relevée, il se tient à genoux devant un vieillard à barbe de patriarche, quelque haut potentat de l'Eglise à en juger par les moires et les satins glaceux de sa robe bordée dans le bas d'un pesant galon d'or. Dans une attitude d'extase adorante, le chevalier offre des deux mains, posé sur un plat d'or, un énorme ciboire étincelant d'émail...

Le vieillard chaperonné comme un cardinal, mais d'un chaperon d'acier étoilé sur le front d'un gros trèfle de perles, est debout, la main appuyée sur une crosse ; et sa silhouette d'évêque militaire, dévastateur du royaume du Mauvais, libérateur des âmes et champion intrépide des gloires de l'Agneau, se dresse, pleine d'une majesté pardonnante et hautaine, parmi les palmes d'or d'un dais de brocart vert.

Si son geste absout et bénit, la bouche aux coins crispés et l'ivoire pâli de la face émaciée disent assez hautement l'amour de la souffrance et le dédain de la vie puisés dans l'amertume et le néant des terrestres joies ; mais dans les yeux levés au ciel, des yeux presque d'aveugle, tant la prunelle en paraît pâle, quelle douloureuse attestation de l'inanité des choses d'ici-bas ! Quelle implorante prière pour l'impuissance humaine ! Quelle infinie pitié pour l'être repentant agenouillé devant lui !

Et devant cette peinture imprégnée à la fois d'un hiératisme si austère et d'une mansuétude si touchante, devant ces roses, ces bleus paons et ces verts prazins aux transparences incendiées de vitrail, devant ces personnages animés d'une ardeur si passionnément contagieuse, je ne pouvais m'empêcher de songer que les plus beaux actes de foi ne sont peut-être pas ceux des apôtres et que l'émotion religieuse de l'artiste est certainement la première condition de la sublimité dans l'art.

FIN

TABLE DES MATIÈRES

I

ENFANCE

II

JEUNESSE

III

LES ARTISTES MYSTÉRIEUX

IV

CONTES D'UN BUVEURS D'ÉTHER

V

SOUVENIRS

VI

BALE

FIN DE LA TABLE DES MATIÈRES

www.ingramcontent.com/pod-product-compliance
Lightning Source LLC
Chambersburg PA
CBHW060405170426
43199CB00013B/2011

* 9 7 8 2 0 1 2 6 2 5 2 6 6 *